育儿逻辑思维

北京燕山出版社
BEIJING YANSHAN PRESS

图书在版编目（CIP）数据

育儿逻辑思维 / 潘小溪著 . -- 北京 : 北京燕山出版社，2021.9

ISBN 978-7-5402-6213-6

Ⅰ . ①育… Ⅱ . ①潘… Ⅲ . ①儿童教育—家庭教育 Ⅳ . ① G782

中国版本图书馆 CIP 数据核字（2021）第 203011 号

育儿逻辑思维

著　　者：潘小溪
责任编辑：王月佳
出版发行：北京燕山出版社有限公司
社　　址：北京市丰台区东铁匠营苇子坑 138 号 C 座
电　　话：010-65240430（总编室）
印　　刷：廊坊市海涛印刷有限公司
开　　本：710mm × 1000mm 1/16
字　　数：233 千字
印　　张：14.75
版　　次：2021 年 9 月第 1 版
印　　次：2021 年 9 月第 1 次印刷
定　　价：58.00 元

PREFACE

序 言

首先我要感谢我的导师——浙江机电职业技术学院原党委书记陈鹤琴先生，他将毕生研究的逻辑思维技术化理论体系倾囊相授，随后我带着这套理论体系去国外学习与工作，通过与全球新锐设计师团队合作五年，成功研发了多套逻辑思维系列丛书，并且根据这套理论体系成功开发出了火星主题公园原创 IP，与此同时，将这套逻辑思维技术化理论体系植入一些高等院校的课程体系中，帮助多名学生考取了国内外名校。

本书以图文并茂的方式进行编排，我以自己的儿子逍鲲为原型，设计创作出一系列卡通形象，旨在帮助读者更好地理解教育和人生的关系，由易到难，循序渐进，全面记述了一套帮助家长和孩子变得更聪明的技术理论体系。全书分为三个部分：第一部分 37 篇（针对 0～3 岁）；第二部分 24 篇（针对 4～10 岁）；第三部分 49 篇（针对 11～15 岁）。本书沿着人的婚姻、育儿、成长直至终身学习的人生轨迹展开，试图用尽量少的文字，提供更多的逻辑关系与接口。

由于我的认知能力的局限性，加上叙述篇幅的限制，不少问题只能是提纲挈领，难免挂一漏万，敬请读者谅解！

育儿逻辑思维

目 录

CONTENTS

第一部分　育儿逻辑思维 ……………………………………… 1

养育 3 岁以下幼儿，家庭稳定是基础，因此本部分选择婚姻与育儿中的热点问题，以一问题一议论、一议题一逻辑梳理的方式展开讨论。文章各自为篇，单独叙述诠释，但又相互关联，共同推进提升。其目的是让读者既方便阅读，又能较为系统地进行逻辑与理性的思考。（针对 0~3 岁）

文章所涉及的相对复杂的概念、问题、知识点、逻辑关系等，以问答的形式进行解读，同时以全新的逻辑关系进行诠释。简言之，逻辑是思维与判断的规律与准则，但人在思考时，由于情感的作用，对于规律特别是准则常会抛之脑后。

我对书中所叙述的问题，尽可能进行归纳与梳理，其目的就是建立并强化规律与准则，以便让人在思考时能习惯以逻辑为思维的“接口”，从而淡化情感对思维的影响和导向。（针对 4~10 岁）

逻辑思维技术化涉及哲学、教育学、心理学、数学、文学、语言学、历史学、人工智能与计算机科学、系统科学等方面的知识，其目的是为了更全面、更深刻地认识人的思维。（针对 11~15 岁）

第一部分　1　育儿逻辑思维

养育 3 岁以下幼儿，家庭稳定是基础，因此本部分选择婚姻与育儿中的热点问题，以一问题一议论、一议题一逻辑梳理的方式展开讨论。文章各自为篇，单独叙述诠释，但又相互关联，共同推进提升。其目的是让读者既方便阅读，又能较为系统地进行逻辑与理性的思考。（针对 0~3 岁）

意识逻辑

意识，是人脑对脑内外各种表象所引起的觉察，对个体而言最为现实的意义是，当受到外界的刺激或内心有所需求时而产生的行为动机，其最重要的功能之一是逐渐学会如何识别真伪。人意识之中最渴望的是获得他人的理解与受到关注，同时又能让其在这个过程中塑造理性与激发智慧。每一个人的成长过程，上述这些日积月累，会伴随着产生各种“潜意识”与影响行为的“下意识”。在人的早期教育中，意识培养的意义远远大于知识传授。

婴幼儿的意识培养基本上依靠其家人的育儿“意识”，许多意识都具有一定的传播性和感染性，如语言的亲切度、作息的时间与生活节奏感等。孩子意识的培养实际上是体现在全体家庭成员之中的，如育儿意见的统一性、培养目标的清晰度，以及育儿计划及其可操作性等。培养方法可以从孩子对时间性、敬畏心、约束力等的存在感着手，逐步过渡到懂得羞耻、对错、亲疏等的感觉，以及对于这些概念的初步形成。特别要警惕过度惊吓、强烈刺激及不当行为的影响，从而避免让孩子产生不良的潜意识。

我对儿子逍鲲的培养，特别重视时间观念，对于时间的把控非常严格，从孩子的生理节律、时间意识、规则概念等全盘考虑。要从小注重对孩子的约束，但绝不草率拉下脸来或轻易批评，不会随意伤孩子的自尊；如果“犯错”，可让孩子受“罚”，如冷漠一下或站在一边等；不随便评判事情的对错，因为有些事，孩子一时可能还没有评判的能力。要注意培养孩子的敬畏意识，即不要让妈妈生气。妈妈的“生气”既不是一种情绪，更不能滥用，而是具有针对性、艺术性的行为，是一种教育的需要。

情绪逻辑

情感是一种复杂而又稳定的生理倾向，是一种对欲望、需求上的态度体验，且蕴含着个体的主观评价以及由此而产生的行为倾向，随之发展成为对喜爱、美感、兴趣等的追求。孩子的情感最初都是以情绪的方式进行表达的。对孩子情绪的认识与调节，也是一个对孩子情感与情商培养的过程，实际也是一种逻辑。要让孩子更多地去展现自己的天性与表达情绪，通过扩大交流、深入了解，做到善于发现规律、控制生理节奏，以引导与拓展积极的情绪，同时淡化消极的情绪。

人生而具有情感交流的需求。孩子和成年人一样都喜欢被关注、被关心、被关爱，从一种本能的存在感发展到认同感直至价值感。当孩子确认自己受到重视时，才能获得自我的满足感和内心的平静。妈妈是孩子最为熟悉和依赖的人，通过脐带就从母体那里获取到了成长的营养，甚至去感知未来的世界，如妈妈心跳等生理节律、情绪的波动，甚至是言谈举止、个人喜好都会影响到胎儿，例如大脑中控制情绪的神经递质亦可通过遗传基因传递到胎儿。

我因工作的特殊性，与孩子分房睡。但儿子逍鲲从 14 个月开始，醒来后，必定会到我房间并爬到床上，亲吻我的额头。有时我睡觉比较晚，因困而不想搭理他，但还是会跟他说明，妈妈工作很累，需要睡觉，等到睡醒了，再来陪他玩，但并不反对他依偎在身边独立玩耍。任何语言或举措，只要通情达理与持之以恒，孩子都会理解从而形成习惯。从 18 个月开始，我就着手新的情绪与习惯养成。我每天醒来后，先让他独自在客厅玩耍，要等到我叫他的名字后，才允许他跑入卧室，上床亲吻我的额头。一个行为、一种情绪，天天如此，从不间断；一个细节、一种坚持，便能促使一种习惯的培养、一套育儿逻辑的形成。

概念逻辑

概念是在人的认知过程中，把感性认识上升到了理性认识，是一种对事物本质的抽象过程，也反映了事物的本质属性。概念是认知意识的一种表达，同时又是人在思维活动时借以进行与操控的单元。人对事物的认识实际是一个不断输入信息并被贴上标签的过程。从意识的角度来说，有了概念，往往容易固化思维。概念应该遵循形成、打破、重构、提升，这样一个不断演化的过程，不要让一种概念形成后，戛然而止。

对幼儿来说，概念的培养与形成非常重要，在培育中要注意引入概念的正确性与培养方法的循序渐进。例如，常用且有效的四步法，即形成感知、一一对应、逆向判断、选择比较。在培养过程中要充分理解概念的完备与自洽：完备是指不缺少任何必要的东西，养成追求一种更为美好或更加完善的习惯；自洽是“自己不能与自己相矛盾”，学会按照自身的逻辑来推演，懂得自慰、达到自愈，即不要随意去纠结。故而概念培养与形成的逻辑，并非单一的学习与认知，其实也是一种健康心理的塑造。

我对儿子逍鲲培养非常重视对意识提升到概念的建立。例如计数是一种意识，更是一种概念。首先让孩子形成对数的感知；然后在数和实物之间，反反复复地进行一一对应；其次才是从实物逆向又回到计数上，这是概念形成最为关键的一步；最后才是进行比较，如大小、顺序、插入等。计数概念的建立是一个抽象的过程，要设法让孩子巧妙地越过“屈指可数”的感性认识阶段，跨到数需要“进位”的理性认识，设法将参与、兴趣、快乐、学习、尊重等意识与概念有效地融为一体。只有参与了，一切才有可能；参与是为了培养兴趣，兴趣是孩子学习的基础和前提，而对于共同参与同伴的礼让与尊重，则是上述一切的最主要目标，这个逻辑关系不能忽略或丢弃。

接口逻辑

逻辑是思维与判断有效性的规律与准则，只有按照某种具有科学性的逻辑规律，才能把概念有效地组合与加工成知识结构。知识不断地扩充，形成一定的知识体系后，往往又会被“封装”在人的脑海中，只留下若干进行信息加工的“接口”，即读完的书，只留下了你所感兴趣的若干知识点。如果没有经常性的逻辑梳理，知识就通过情感的接口，即用一种情感或情绪去启动你的动机和思维，从而易造成各种信息的次序、关系、结构的单一性或不变性，既让知识结构趋向于固化，同时也让思维模式相伴随而逐渐走入僵化。故而学习方法、认知结构、思维模式、情感词典都有着复杂的逻辑关系。

幼儿逻辑能力的培养，首先是讲诚信，这是逻辑关系与逻辑思维的基石。特别是对于孩子，往往会因为需要说谎，而设法调用一大堆混乱的理由、程序、逻辑等去帮助其圆谎，久而久之则引起逻辑能力的弱化；其次是要确立与形成具有“是非之辨”的能力，要学会在判断时尽可能排除个人的好恶，这是训练逻辑思维的载体，因为真正的逻辑关系存在于是非观之中；而在日常生活中的节奏感、条理性、程序化等，都是培养逻辑的基本手段，要注意行为、意识、习惯等的潜移默化。

我在教育儿子逍鲲时，放在首位的便是日常生活中的节奏性、规律性、程序性、有效性，一切从行为逻辑开始；其次是想方设法避免形成让孩子需要去说谎的环境和空间，要培养好孩子不说假话的行为、习惯、意识；家长要重视在孩子面前讲是非，而非感情用事，让孩子多去感悟什么是理性；如出现错误，则一定要主动认错、承担责任；要明白一个简单而朴实的道理，对于我们自己认错同样会很难，而真正地知错、改错则更难；要让孩子形成的意识与认知是：人都会犯错，但要注意少犯错，犯错后能主动认错，关键是不要去重复犯同一种错。

统合逻辑

人的感觉包括视、听、嗅、味、触觉等，除此之外还有前庭觉和运动觉。前庭觉是利用内耳前庭等器官来探测人体姿势和地心引力的关系，并控制头部活动中的方位，是一种平衡感觉。运动觉则是源于身体内部的肌肉、关节等的感觉，辨别身体的运动和位置的变化，其本身也具有记忆性。人体的“觉”是本能，也是一种自然属性。由于社会的变革与进步，人逐渐退出了对这些属性的极限要求，特别是对于视、听、触三觉的协调性以及互为代偿性。当今社会，人只有增强统合训练，回归到一定的自然属性，才能更有效地协调好各种感觉，拓展运动或行动的随意性，并发挥好各个器官的功能。

感觉统合训练是增强人体在环境中有效地利用自身感觉，从外界获取更多不同的感觉信息，并输入大脑对信息进行加工，做出适应性的反应。感觉统合是大脑和身体一种相互协调的学习过程，设法将大脑与其他器官及其感觉发挥到极致，即平时所说的，达到一种意识或境界等。人的感觉统合失调，会使大脑和身体都得不到很好的发展，严重时还会形成行为失调、好动不安、笨手笨脚、过于害羞、注意力不集中等现象。

我会让儿子逍鲲每天都做一些必须动脑筋的家务，如剥各种水果、坚果的皮等，有利于满足神经发育的需要。随着年龄的增长会适当增加针线活儿等，在充分调动手指关节的各个自由度上，培养其心灵手巧的能力。在游戏中，设法增添刺激性项目，引导兴趣、产生快乐、培养毅力，特别是激发人的原动力；注重培育孩子的参与感、注意力和自信心；要更多地参与到户外使用各种器械和群体性的活动，以培养孩子勇敢、合群的品质。孩子的活动要具有一定的竞争性、激烈度和强度，否则达不到应有的效果。

教育逻辑

如果对孩子的教育做一个相对简洁而又较为完备的诠释，可以是：寓教于乐、寓学于趣，让孩子们在兴趣与快乐中学习，在自觉与期盼中进步；而一个完整的或完备的教育应该是让孩子伴随着约束且在不断经历挫折中得到成长，同时又培养了坚韧不拔、谦虚谨慎、开拓进取等优秀品质；对每个个体而言，最具现实性、有效性、艺术性的教育则是和孩子在一起，教学相长、互为欣赏、共同进步。而成功的教育只是做好了上述三条，让孩子对此有所感悟、乐意付出，并理解到学习与进步就是一种人生享受。教育的成功是让人进步、热爱学习、善于思考、懂得反思等，并无功利性。

在具体教育的操作与实践中，妈妈给予孩子的感觉应该是：有情、有趣、有格。“情”是真情实感，是对孩子的爱，是一种付出，看似妈妈们都很容易做到，实则难以做好，因为爱是双向的，要站在有利于孩子成长的立场；“趣”是指妈妈的才干，能赋予孩子增添寓教、寓学、寓乐的内涵与手段，这个需要坚持且不间断地学习，对于已经做母亲的人更是艰难；“格”则是妈妈自己做人及能影响到孩子做人的方式与原则、境界和格局，这才是孩子一辈子成长的基石与载体。在男权社会里有人认为，养不教是父之过，而现代社会妈妈则成了培育孩子的关键。

我对儿子逍鲲的教育除努力践行上述原则外，还得不断开展斗勇、斗智、斗法。所谓“勇”，是用理性对待孩子和家人，自己不会也绝不会让家人去无原则地溺爱孩子，无勇则什么都难以实现；“智”是在教育孩子和说服家人时，得依赖自己所掌握的知识和拥有的智慧，不是你去改变一切，就是自己被环境和他人所改变；而“勇”和“智”的运用，还得讲究方法，特别是中国老祖宗留下的许多智慧，如于无声处、欲擒故纵、先发或后发制人等方法，不妨一试。只要运用得当，还是挺奏效的。

语言逻辑

语言，简单、通俗的解释是用于思考与沟通的工具，但语言也是形成人的思维模式和情感体验的载体。人出生首先入耳的便是妈妈带有音乐性的呢喃细语，孩子获得与共鸣的则是情感上的安抚与母爱的温柔。孩子所理解的是情感，而非被赋值的信息；而给予这方面最多的正是妈妈，这是他人无法取代的。正常的家庭教育都是让孩子先理解情感，随后才去学习与感悟用于交流的自然语言，即母语；而以数学为代表的逻辑性语言则又在其后；用于人机交流、客体性的计算机语言更在其后。这便是语言的逻辑。

每种语言都有其自身的逻辑性，只是我们有时常忽视了对它的理解与梳理；而逻辑是思维和判断有效性的规律和准则，其实就是人的智慧。情感影响着价值判断，也主导着人的思维模式，知识容易被“打包、封装”，对外有时仅留下一些情感的“接口”。情感的培养是输入性的，只存在“有”，没有“无”；无，不是“盲区”，就是反面，故而错失的永远不会再有。音乐是人生不可或缺的一种情感性逻辑语言，它融情感性、逻辑性、技术性、艺术性为一体，以丰富多彩的形态渗透融入人的心灵。

儿子逍鲲从小就接受我那带着一定乐感的、轻声细语的交流，久而久之，当我打电话和他人谈工作时，孩子会不厌其烦地坐在边上旁听，时不时还会插上几句谁也听不懂的“逍言鲲语”，这种以情感形态为主的沟通非常有益，因为他学会了选择，不会去旁听“无益”的电话。当然我们会常常为他播放一些儿歌和经典的音乐，既要细心观察孩子对音乐的反应与感悟，了解其个性和兴趣点，也要善于导向，如反复、强化等。妈妈要常陪伴孩子多一些参与性的活动，如唱，可用于情绪的宣泄；跳，则培养律动节奏。特别是有互动与表现型的，更有利于促进孩子的开放与成长。

价值逻辑

对待不同年龄的人应有不同的教育理念、教学模式与实施手段。例如，以兴趣导入培育幼儿，让他们产生对大自然和科学知识的向往，从而促使其对书籍的热爱与对学习的追求，其核心是情感教育；以逻辑演绎与综合分析能力去培养少年，使其善于开展各种逻辑关系的推理、归纳，甚至构建并理解知识的体系与结构，以及探索有效与深度学习的真谛；用格局提升去塑造青少年，知晓如何去塑造自己的人格与气度，理解自我认知的途径与方法，并懂得确立人生的价值目标与远大追求。

人的认知过程会引起情感的变化与形成，从而影响到价值判断与行为动机，反之亦然。认知和情感会在成长的过程中，因其“多”或者“少”而造成人生的某些缺失。例如，少读了些童话，可能会缺乏梦想；少了艺术的熏陶，或许会缺少浪漫；少实践是非曲直的判断，缺失的是对逻辑演绎与归纳的严密；从小少了理想教育，长大就会缺少坚定而明确的信仰与追求；等等。其实还可以列举很多，问题的核心是因“少”而形成了很多的盲区，即在所缺失的后面，往往多的只是一种狭隘与自私。所以丢失了积极的、健康的情感教育，会失去很多很多，这便是教育的价值逻辑。

我和儿子逍鲲相处时，非常重视以讲故事和做游戏的形式注入各种情感。如用英雄的故事、豪壮的气势，培养他助人为乐的情感;用带点儿悲情的色彩，让孩子萌发出同情之心，为其一生的心地善良打下基础；说一些搞笑、逗乐的段子，启迪他的幽默感，同时增强其乐观的生活态度。特别是要用音乐给孩子带来不同的空间与色彩，如宁静、欢乐、庄严、诙谐等，要让孩子参与其中，让他体验与感悟到生活中不能没有音乐。妈妈不但要想方设法给予孩子更多的陪伴，更要加强健康情感的灌输。从小培养好孩子正确的兴奋点与兴趣点，为日后孩子价值观的形成奠定基础，这也是妈妈的育儿价值所在。

“喂情”逻辑

情感会左右人的思维，并形成动机，而动机又往往决定了人的行为。对于人的情感形成之路，有人做了这样一些描述或比喻：常采用“敬畏之心、是非之辨”教育的孩子，孩子必然会更讲道理，且通达人性与具有善心；用文学与诗歌培育的孩子，孩子容易形成更大的格局和胸怀；用音乐和艺术熏陶的孩子，孩子会更为本能地多了些许灵性和浪漫；用劳作或书写绘画与其相伴长大的孩子，孩子自然会拥有一双巧手和更多的创造能力；长期经受体育或舞蹈训练的孩子，肯定肢体更加协调并懂得吃苦，团队协作能力更强。所以对孩子的“喂食”决定其健康与体能，而“喂情”则影响到了人生。

要理解一些人成长的基本规律与原则，如人的智慧大多是源自一种天赋；而善良、自勉、进取等则是一种选择，是教化的结果，但又成了人能够进行自我反思、不断进取的源泉。没有反思，情感一旦被固化，感性就决定了一切，且很难觉悟，也根本无法去创新。成人反思的基本方法与原则是，先学懂一些心理学与人的测评技术，妈妈先从自己开始，对成长过程、生活空间、家庭成员、认知模式、情感归因、思想方法等分析自我，找到头绪与脉络，再去分析孩子的某些问题时，可能会找到一些解决的办法，更重要的是能够帮助他去实现自我认知。

为了遵循上述的原则，我对儿子逍鲲的“喂情”，有时会甚于喂食。方法可以是，因“家”制宜，设置好孩子的情感与行为底线，明确常规性的实施手段与操作方法，如培育好必须遵循与达到的“敬畏之心、羞耻之感、是非之辨、亲疏之别”等。在情感教育上，只能更多地去关注妈妈自身努力后产生何种效果，不要寄希望于采取某种方式后，所谓的“奇迹”就会发生在自己孩子的身上。教育最忌讳的便是功利，用高的标准度量自身，用平常心去看待孩子，作为妈妈的我常以此自勉。

启蒙逻辑

人的智商高低与知识的积累多少、学习的优劣等相关，但相关性并不太大。智商所反映的只是模式识别、逻辑推理、记忆效率等大脑的运作能力及其水平。智商有 60% 以上的因素取决于遗传，且提高比较难。智商和情商、成功、幸福虽有一定的关联度，但上述这些却取决于人的见识、视角和格局。智商呈正态分布，高智商者只占 3% 左右，但智力水平却和受到的启蒙教育有着极大的关系。人神经网络的构造是多层次的，也就是说，思维天生就可以是多维、立体的，即可以用下一层的逻辑结构去支持与解释上一层的问题。现代的人工智能与深度学习正是利用与模拟了这一原理。世上有些怪才、奇才、偏才、狂才等，大多反倒具有或保留了这种思维模式，往往却被思维已经扁平化的人所嘲笑或不理解。

家长不要被孩子早期启蒙的某些小聪明所蒙蔽，要帮助孩子的是对热情、勇敢、敬畏等的认知与情感启蒙，一个将动态性加工和静态性内容相结合的启发过程。在孩子获取知识及解决问题时要善于引导其采取正确的思考方式与操作方法，也包括其对兴趣、感知、记忆、思维等心理活动的调动，同时又是对其语言表达、动作协调、注意与专注等能力的培养。孩子思维是立体性的，只是因为教育方法的不当而加速其趋向于扁平化。启蒙是启迪立体性、交互性思维，而强制性的灌输、被动性的学习、机械性的重复都易加速思维扁平化。

我对儿子逍鲲的教育，首先是给予其更多的陪伴时间，既是为了促进彼此交流，也是一种情感与认知的输入式育儿方法。我每天都让孩子参加各种活动，并注意形态、声音、动作、情感等多种信息码的联动；在参与中去引导兴趣、在兴趣中培养独立、在独立中形成勇敢，循序渐进；同时重视和其他孩子的相处与交流，只有在体验之中才能启发认知并塑造孩子的意志和品质。对孩子的“异想天开”“奇谈怪论”不去加以指责，而是沿着他的方向去思考，再设法沟通；对于怪、奇、偏等爱好也要有包容之心。

诊断逻辑

诊断与测评主要是对人的行为，通过窥探现状、分析过去、诊断究竟，从而预测今后的走向。对于孩子则是通过行为来解读动机，进一步剖析他的认知特点、智能状况和兴趣倾向。孩子的行为习惯一旦养成就很难纠正，到成年后，大多已经固化的行为习惯决定了人的未来，所以得重视养成教育和强化不当行为纠偏。在现实生活中，其实人都在互相诊断、窥探对方，只是目的正确与否、方法是否得当不同而已。对于孩子行为的诊断不但关系到培养与纠偏，同时也有利于家长对自己的教育观念与方法进行再思考。

行为的养成从孩子一来到人世间就已经开始了。中国人的育儿智慧是“三岁看大，七岁看老”，其实非常形象地概括了幼儿心理发展的一般性规律。据科学研究和追踪调查，人在四岁前已经获得了人生智力的一半，七岁便可以达到七成，所以婴幼儿童的启蒙与开发教育越早越好。要把握好三岁前的黄金期，以减少今后不必要的行为与意识纠偏，因为纠偏难以养成。在行为诊断中最大的误区是误判与低估了孩子的智力。成人往往只是在知识的积累以及阅历的丰富上占有优势，在逻辑判断能力上则不尽然，如进行智力测验大多会低于十三四岁的少年，其实很多家长并没有真正读懂自己的孩子。

我对儿子逍鲲的教育首先是从行为开始，并确定好原则，即“细节着手、意识领先、行为着重、习惯归正”，并落实到具体措施与实际操作之中；其次是重视我和家人所达成的共识，即要言传身教，且不能有任何懈怠，构建一个良好的育人环境。要注意和孩子进行双向沟通，以拓展大脑对信息的吸收能力，开发大脑的潜能。在实际操作中，往往遇到的问题是孩子的“叛逆”、不听话，或是难以沟通。实际情况是孩子已经学会了察言观色，是在诊断家长，甚至拿住了你的短板，实施了“反控制”。教育要成功，应该实施行为诊断，只有充分了解孩子，才能提高培养的实效性。

人格逻辑

人的情感与思维极其复杂，于是便产生了一种以“格”来划分与区别人的方法，即对人的各种主要而关键的特质进行梳理，按照一定的逻辑关系进行比较、分类，做出人为的不同规“格”，以便对任何人都能做出正确的判断，且能解决现实中识人、用人的问题。显然，不同的理论所形成的划分方法不尽相同，但其目的都在于如何更科学且客观地去认识人、改变人与培养人。因人格而形成理论、方法、技术等日趋成熟与完备，特别是有了现代大数据的支持，人格的培养便成了教育的重要目标之一。

健全人格的培养远比学习知识、训练技能更重要。关于人格的定义与描述及其测评方法很多，在此只对相对认同度比较高的“五大人格”依次做一个简单的描述。一、性格的“外向性”，其优势是乐观自信而不轻浮，且具有主动性，而内向优势则应形成含蓄稳健不保守；二、“开放性”是指思想活跃、善于思考而又好质疑，做事又具前瞻性等特征；三、“稳定性”体现在做人懂得自律、做事讲究务实，遇事情绪不会大起大落；四、“严谨性”是指严格与谨慎，体现在做事的一丝不苟，且不容忍差错；五、“亲和性”是积极、乐观而合群，有同情心且具同理心。

我对儿子逍鲲的人格培养，首要是掌握好上述理论的要旨与设定培养目标，且要理解遗传因素、家庭小环境、生态大环境、教育理念这四者的关系与作用。对可能带有遗传性的或不利的情绪和行为要因势利导、避其锋芒，绝不让其有施展与强化的空间；要明白一个基本道理，有时说教、唠叨实际是在强化一种习惯或情感。对于孩子的优势，要去寻找实施载体、打造好培育平台，让他能尽情地表现与发挥。要深知人格的培养是在潜移默化、于无声处，且又是一个水滴石穿、有志竟成的过程。

情感逻辑

下面是我和儿子逍鲲之间的一段真实对话。

逍鲲：妈妈，我今天在外面又听到了一些我不太明白的话。

妈妈：你把它们记住了吗?

逍鲲：我都记住了，什么是“熊孩子”啊?什么又叫“七岁看老”呢?

妈妈：你真的很棒!会去留心与注意身边的事。妈妈很愿意回答你的问题。“熊孩子”是指那些老是管不住自己的孩子；“七岁看老”是说一个人从小养成的行为和习惯会伴随着他，直到老去。

逍鲲：那么小孩子为什么就一定要去管住自己呢，不管就得变成熊孩子吗?爷爷现在的许多习惯，如教训爸爸，这些都是他从小时候带过来的吗?

如果想继续深入地讨论下去，且不以势压人，在和孩子的交流中，确实对有些问题很难形成一个晓之以理、导之以行的答案。在早期教育中，幼儿并不能完全理解“熊孩子”等词语，特别是那种带着定义性概念的真实内涵及其形成过程，但却又要求他们不能成为一个“熊孩子”。故而对孩子的教育不要去说教，或尽可能减少说教，因为没有太大的实际意义。要通过建立良好行为的培育模式与成长环境，理解并构建好育人的途径与方法、载体与平台，在养成健康的且具规范性习惯的同时，要设法真正融入孩子的情感之中，直至能伴随着他终生成长，这才是情感培养的逻辑。

我非常重视对儿子逍鲲的情感教育，首先是重视正面引导，对于任何一个良好的行为，都要给予赞许，让孩子能享受到这种行为带来的愉悦。对于孩子任何不必要的任性和越轨的行为，一定会去用巧妙的语言与适当的方法加以阻止，即便一时难以奏效，但事后必定想方设法亡羊补牢，即用加倍可实施的正向情感去加以强化，其目的是不让任何“熊”的意识进入孩子的情感之中，否则就会看到大，甚至看到老。

喂养逻辑

解决所有问题都得讲究有效性的规律与准则，因此做任何事情都离不开逻辑，而喂养中的逻辑则事关孩子未来的记忆力、思维能力以及情感的形成等。现代医学和生理学研究证明：80%的脑细胞生长在 2 岁前，70% 的大脑重量和结构则发育在胎儿期和婴儿期。从怀孕晚期开始，大脑发育就进入了快速生长时期；在出生后的 12 个月，脑部发育相比出生时增长了 175%；而 18 个月后相比 12 个月时，增长就只有 18% 了，速度大大放缓了。这是脑发育的规律。即便是成人，只占体重约 2%的大脑却要消耗近五分之一的能量，这是脑消耗的规律。

孩子在两周岁以下，脑细胞处于高速发育阶段。人的记忆是事物在中枢神经系统中所留下的痕迹，而记忆力的强弱与乙酰胆碱的多少有关。乙酰胆碱对大脑具有兴奋作用，能使大脑维持在觉醒状态并具有一定的反应性；同时还可促进条件反射的巩固，从而改善人的记忆力。在这个逻辑的支持下，我们可以寻找到的规律又是什么呢？如蛋黄就含有卵磷脂和甘油三酯，卵磷脂在肠内被消化液中的酶消化后，释放出胆碱；而胆碱直接进入脑部后与醋酸结合生成有助于改善记忆的乙酰胆碱，从生理角度上来说，蛋黄有利于脑发育。

我儿子道鲲从 6 个月就开始添加蛋黄，从四分之一、二分之一，再到整个蛋黄；在 18 个月的时候，每天早上 8 点左右，吃两个蛋黄拌小米粥。实践证明，孩子的敏感性和理解能力确实会更强。妈妈一定要记住，不要喂食蛋白。喂是一种输入式，孩子则是被动的，主动权在家长。脑的发育需要科学地补充营养，但伴随着脑的快速生长，同样需要增加信息和情感的输入，以增加脑的全面发育。幼儿是以物体活动与动态相联系的直觉行动思维，直接去感知具体的、形象的、鲜明的事物，懂得用与外部有一定的相似点作为依据进行直觉判断，并以动作来表达意愿，只有理解了这些规律才能更有效地交流。

认知逻辑

婴幼儿教育的核心是要在稳定或愉悦的情绪中去培养感知与认知，目的是更有利于孩子的行为规范和情感健康。认知是通过学习内容与学习方式而形成的，逐步演变成模式，同时又以此来加工其他的信息，故对幼儿的教育特别要重视教育方式和载体的作用。例如在2020年新冠肺炎疫情下，家长要让孩子在必要时戴上口罩，同时又可以实践与学习育儿的方法，即学会如何利用一个教学载体，帮助孩子形成相对科学的认知，特别是让孩子接受他不太愿意接受的事或物。

人们戴上口罩会闷且喘不过气来，还觉得口罩带子会勒耳朵，总之是件挺不舒服的事，所以要设法避开这些所引起的生理反应。无论对孩子进行何种要求与训练，都要从其心理反应上着手，如营造出新鲜感、娱乐感、趣味感、参与感、认同感等，从而巧妙地过渡到认知层面，这便是育儿中应该重视的幼儿认知逻辑。培养孩子的认知能力，必须对此做出一个正确的判断，但家长往往会低估孩子的智商。成年人大多会站在知识积累、阅历与经验上去思考，其实孩子的逻辑及判断能力有时并不差，所以常常不能处在一个频道，即并非在一种逻辑关系上讨论问题。

针对上述的案例，首先，家长应该购买婴幼儿专用的一次性医用口罩，因为这些口罩可能会带有花纹或色彩，更容易让孩子接受。对于一周岁以上的孩子，家长可以通过讲故事的方法，告知孩子为什么大家都要去戴口罩。特别在佩戴时要注意调整好口罩的位置和松紧，让孩子更舒适以减少抵触心理。而对于小一些的孩子，家长可以通过做游戏的方式，将戴口罩这件事编成故事演绎，并进行角色扮演，同时不断将戴口罩这件事进行强化，其手段与目标都是把此事能引起的兴奋传递给孩子。幼儿教育的真谛在于，事不论大小都要设法在快乐和兴趣中去认知和成长。

学习逻辑

机器人能够具有“智能”的关键技术手段是给它的计算机输入了相关的信息，即贴上各种知识的“标签”，并在计算机算法的支持下，加工这些信息。算法好似机器人的“思维模式”，打标签的过程则可以理解为一种学习方法，而最终形成加工信息的技术手段与方式则有些类似一种认知模式。人脑中算法的源代码及“脑机”语言源于遗传基因和妈妈的情感输入，并在这个过程中形成了个体的思维方式与认知模式。培育婴幼儿的要务应该是，要和孩子形成更多的交流，增加与贴上多样且有效性的信息与情感标签。故而宝宝和妈妈的聊天是最好的育儿方法。

为了扩大交流，我亲自录制了有声的逻辑思维育儿小故事，每天定时播放给孩子听。胎儿在娘胎里每天听到的都是妈妈的声音，出生后对这种声音就具有一种天然的亲切感。每当我外出工作的时候，就会让家人给孩子播放事先录制的交流语音与育儿故事，孩子很快就能沉浸在我的声音与语感中。这种方法不但提高了宝宝的情绪稳定性和思维能力，同时又帮助家人更为轻松地带好孩子。但物极必反，这种方式不宜过多采用；妈妈的陪伴永远都是首要和关键所在。

另外，我又为宝宝购买了一套精装绘本的有声故事书籍，加入了有声元素，设法让阅读更早进入孩子的精神世界。有声故事书籍一般比未经训练的家长讲解得更为生动，同时也减轻了家长的负担，关键是增加了孩子对书籍的情感。挑选一本语言浅显流畅、插画精美且富于童趣的好书，非常有利于宝宝进行早期认知和语言练习。书籍永远是小朋友最理想的启蒙老师和终生朋友，培养孩子爱护好每一本书，是让他们从小就养成热爱书籍与求知的习惯与情感。

辅食逻辑

辅食是帮助婴儿完成从单纯吃母乳向完全脱奶的过渡性食品，起到均衡营养且能承前启后的作用。婴儿添加辅食不宜过早，否则会引起消化不良，甚至造成生理紊乱，但也不能太晚，否则会产生营养缺乏，而影响发育。所以婴幼儿添加辅食也有规律，首先要理解孩子在长大，母乳无法跟上营养的供给；其次是根据孩子的发育及其体能，尊重规律、摸索渐进，一般以四至六个月大为宜；最后是多学习，了解辅食的相关信息，如食品成分、如何自制以及现代化生产幼儿辅食的基本知识。

辅食的喂养使孩子暂时离开了母亲的怀抱，有了与他人交流的空间与形态，完全可以输入新的育儿观念与内涵。如喂食的时间、节奏、情感交流、习惯养成，特别是父亲及他人的参与等，育儿是一门学问，得寻找规律、讲究逻辑。

儿子逍鲲的辅食是从六个月大时开始的，最初选择的辅食是吃适量的香蕉。其逻辑是，吃香蕉有利于婴儿排便顺畅。六个月的婴儿可以吃香蕉，但一定要适量，不可多吃。香蕉是一种富含淀粉质的水果，几乎含人体所需的所有维生素和矿物质，特别是含有被称为“智慧之盐”的磷。香蕉又易于消化吸收，是幼儿最为理想的食品。香蕉中的维生素A能够促进生长、增强抵抗力；硫胺素能抵抗脚气病、促进食欲、助消化以及保护神经系统；核黄素能促进人体正常生长发育；等等。香蕉是幼儿最为理想的食品之一，如此优点多多的辅食，全家很快便统一了认识。同理，孩子该吃什么、为何吃、如何吃、何时吃等皆要有据可依、有规律可循。

辅食首先是定时、定量，且随年龄而加量；在喂食时辅助以固定的背景音乐，增添便于孩子理解的动作或语言程序；特别要重视其他角色的加入，培养孩子不要过于依赖妈妈，为今后的独立性打下基础；等等。

家务逻辑

家务劳动除能让孩子养成良好的习惯外，更在于培育孩子对劳动的尊重、对他人的理解，同时又培养了做事的灵活性、条理性与逻辑性。据权威人士统计，经常做家务的人无论是学习成绩、就业率、收入、家庭幸福度等都明显高于懒于做家务者。做家务还可训练很多生存所需要技能技巧的基本功，如心灵手巧等。人的一只手一共有 27 块骨头，可形成 24 个自由度，仅大拇指就有 5 个。经过训练，人可以理解与训练各块肌肉的记忆能力以及感受到极其细微的振动，甚至可达到 0.000 02 毫米的数量级。

大数据分析，美国孩子平均每天用于家务劳动的时间是 1.2 小时，韩国则为 0.7 小时、英国是 0.6 小时、法国 0.5 小时、日本 0.4 小时，而中国大城市孩子平均每天家务劳动的时间竟然不足 0.2 小时，有些孩子甚至从未干过家务事。大多数家长没有意识到，孩子是否会输在这里。

两岁的孩子对生活自理已有了认知，三岁便可以有意识地去培养做简单的家务事。幼儿的模仿能力是非常强的，只要方法得当、注意安全，比如扫地、擦桌子、拖地板等都可以让他尝试着做。特别应注意的是对孩子的行为导向、兴趣培养、习惯养成等，因为情感教育就孕育其中。

我儿子逍鲲从 16 个月大时开始，每天都让他去模仿家人进行一些简单的家务劳动，并且能做到坚持而不懈怠。刚两岁的他，已经把扫地、擦地板等活儿干得有模有样，关键是他已初步形成了一种意识：为大家服务是一件很高兴的事，这不仅是在干家务劳动，更是培养了一种懂得付出的情感。培养孩子使用工具是干好家务的必由之路，先从玩具锤子、锯子、起子、钳子等着手，直到让他真正学会使用这些工具。

吃药逻辑

人一出生就有良好的味觉,对甜表示愉快,对酸和苦就会有不愉快的表现。婴幼儿的味觉同样需要训练，四个月就可以试，六个月则鼓励尝，四个月左右应换一种奶粉，以促进味觉、嗅觉得到良好的发育。

大多数药物都是苦的，人的天性就是抗拒喝药吃“苦”。对小朋友而言，无非是“三招”：用加甜去遮盖苦味，是诱；技巧性的强制，是逼；而最好的方法还是情感的引导，而事后快乐共享与情感强化的艺术则更为重要。

吃药的逻辑实际上是如何教会孩子应对生活中必须去经历与面对的各种“苦”，即有些孩子自己并不太乐意做的事。人的本能是趋向享受与快乐，吃苦耐劳则是人生存的需要，但经过培养与反复磨炼，亦可以成为习惯。要有意识地培育幼儿懂得并形成一定的礼让、忍耐甚至是吃“苦”，正如古人所言：吃得苦中苦，方为人上人；这里所谓的“上”，当然是指人的品质之上乘。

我儿子逍鲲自从 12 个月起，每当生病时，我都会注意培养他主动吃药的习惯。只要我拿出药瓶和调羹，他看到后都会主动过来吃药，是因为每次都能坚持跟他讲一个基本道理：“吃完了药，病才能好，宝宝就不会难受了。”只要做到坚持、反复再反复，时间长了，孩子就能听懂了，实际上是习惯了。刚开始，孩子在不愿意吃药的时候，我就用双膝夹住他，左臂抱紧，左手握住小手，一边安慰，一边将事先准备好的药，趁其不注意的时候喂进去。但这并非完成了任务，要安慰、鼓励、反复强化与共享吃药后的快乐，设法去淡化吃药或强制性所带来的“苦”，形成先苦后甜的意识。要给孩子经常演示或示范妈妈是如何吃苦（药）的，强化有些吃苦（药）是生活中的一种必需与常态，这便是吃药的逻辑。

惩戒逻辑

戒在汉字中是会意字，即拿着武器，本义是防备、警惕，引申义为准备、革除、界限等意思，所以才有戒律、戒尺、戒刀、戒具等；而佛教中的戒则是最基本的修行方法。惩戒是教育实施中的一种手段，也是具有智慧、勇气和讲究方法的必要性措施。中国古代就有惩前毖后、小惩大戒、惩一戒百、惩恶扬善的理念与方法。如家长让孩子收拾调皮后所遗留下的各种“残局”，就不失为一种好方法，切不可有任何心软或随意去“代劳”。丢失殆尽了各种让孩子形成因为犯错而会受到“惩戒”的意识，最后家长不是被逼到万般无奈，就是会因此而被迫拿起了棍棒。

儿子逍鲲已 20 个月了，他经常会把柜子里的薏米拿出来玩，弄得满地都是。家人也经常会阻止他这样玩，甚至打几下小手以示惩戒。但事隔几天之后，他又忘记了，仍然弄得地上到处都是薏米。我的方法是先把地上的薏米捡到袋子里，然后让孩子跟着模仿，要求捡干净后，才给喂奶。如此反复，他再也不会将薏米弄得到处都是。

平时，我跟孩子之间常进行情感特别是眼神上的交流。孩子做得好，给予肯定的眼光、满意的笑容；孩子做错了，则投之以严肃的目光或生气的表情；只要认真对待、持之以恒，无须升级。对幼儿而言，惩戒是让孩子逐步理解如何面对他想做而不能去做的事，认识到如做错了事会产生不舒服的结果，慢慢形成做事要顾及他人和后果意识。这不仅是培养一种意识、一种习惯，更是培养一种逻辑思维方法。

孩子最害怕的惩罚莫过于妈妈的“冷淡”，要养成孩子对妈妈的“敬畏之心”，让妈妈的批评形成“戒”意。逍鲲犯错，关键一招就是不搭理他，非得改正，并主动走到我身边反复示好。这不是冷暴力，而是一种“技术”，而其“艺术”则在于度的拿捏。让孩子懂得敬畏妈妈和行为规范，学会控制自己的情绪，也是一种不让情况变得更糟糕的策略。

我们结婚啦

夫妻间还要签订合同吗

婚姻无论古今中外都有其严肃的态度与规范。中国古代社会强调明媒正娶,反对私订终身。所谓“明”与“正”的核心是形成一套约束机制,如“三书”“六礼”等;西方的教堂婚礼,重视的是灵魂层面的宣誓与双方的契约。婚姻不仅是双方爱情的结晶,更是彼此对契约精神的珍惜与忠诚。民国时期的结婚证,除结婚人外,还有介绍人、证婚人、主婚人,以形成共同的监督与制约,保证婚姻的严肃性和纯洁性。现代婚姻主要是通过法律手段加以保护,但上述这些并没有约束住想移情别恋的男女。

在现实生活中,不少男女常满足于对方的甜言蜜语、山盟海誓,或无奈于死缠滥打、痛哭流涕,甚至以死相逼。特别是当危机和问题出现后,寄希望于对方写下的保证书和私下签订的所谓合同,有些还搬来双方的家长作为证人。

主人翁小然,经历过青梅竹马、两小无猜浪漫历程的婚姻,仍然走到了爱情的尽头,只能再一次启用合同来完成最后的约束,即将婚姻维系到孩子上大学。王女士婚后忽然遭受家暴,在丈夫的眼泪中,她选择了原谅,没料到的却是一摞保证书。李女士的丈夫婚后好赌成性,保证与承诺始终没有换回来“浪子回头”。其实成人的保证有时不及孩子,孩子认错往往是真心的,重犯是缺乏自控力;成人认错可能就是计谋,重犯则是私欲和需求。

爱情是一种心理的满足,但更是理解、包容、责任、担当等的共同体,故也是一个“始于激情、伴于宽容、存于习惯、终于依赖”的人生过程。恋爱不能只顾享受激情和关注满足感,而忽略探究对方是否具有理解、包容、责任与担当的品质,否则任何形式上的约束都会对其失去作用。夫妻之间只有责任与信任,无须再有任何形式上的承诺与合同,有也只是感情上的赝品。

爱是通过付出去索取,没有无缘无故的爱。爱情自始更多的是关注硬件,如外貌、身材、气质、地位、物质条件等。一见钟情是基本硬件达到了对方的审美标准和价值判断;情投意合、两情相悦是心理满足,责任担当才是婚姻的真谛。

少女堕胎的社会问题

20 世纪 50 年代曾上演的墨西哥电影《生的权利》所表达的思想是一个生命是否有“生”的权利。男女之间存在着性爱与道德、生命与责任、恋爱与婚姻、生育与抚养等一系列的逻辑关系，特别是对一个生命的尊重。人类对生命的认识，大多数的观点都是从受孕开始，流产实际就是扼杀生命。而流产的理由，如孩子的先天性不足；“父母”的各种失误，特别是关于情感上的;而最后所有的理由都会归结为，不能够让孩子来到这个世界上遭“罪”，而很少有自责、追责，谁之罪?

当前的一个社会问题是人工流产趋向低龄化、常态化，有人曾发问这是谁的“痛”？从 2013 年开始，包括原国家卫生计划科学技术研究所在内的多家研究机构，在我国进行了人工流产调查。通过调查全国 30 个省、300 家大型医院、8 万多个案例得出的结果显示：流产的平均年龄为 28 岁，最小的只有 13 岁；24 岁以下的人群达到 31%，19 岁以下的占 3.1%，其中不少为大、中学生。

2015 年，《羊城晚报》曾报道，一个 16 岁的孩子已经做过四次人流并又第五次怀孕。可能在她的观念里只有爱情和快乐，而无法意识到自己所缺乏的是对生命的敬畏和自爱的感悟。大多数早孕的当事双方，一般均缺失对此类问题的全面认知和健康的情感需求，故一般的说教很难奏效，除非是让他自己感到后怕。人最基本的价值观应该是对生命的尊重，人类社会对此形成的道德观则是一个渐进并融于基因的过程，既是文明的结晶，也是物种的进化。人流的随意性实际上是淡化了对生命的一种敬畏。基督教中的偷吃禁果、佛教各种戒律中的禁忌、中国传统文化中的贞洁，甚至对生殖文化的图腾，其实都含有珍重生命的合理内涵。

人类异性之间的爱实际上与性、生育、生命、责任等存在复杂的关系，任何对此的随意性都很难达到人性及文明的高度。堕胎反映的社会问题非常多，如性教育的认知与实施、道德观的生态环境、家庭与校园的文明程度、爱情的价值观念、社区与风俗文化等，但关键还是对生命的理解与敬畏，特别是生育本身与繁衍后代、人口素养、社会责任等的各种逻辑关系。

你还想生二胎、三胎吗

生育原本是一种动物性和自然性的选择，是物种延续与传承的需要。在人类社会中则形成了各种价值观，如传宗接代，将所拥有的财富与权利有效传递与保全的血缘拥有观；有重视传统“不孝有三，无后为大”的宗族观；具有忧患意识，“养儿防老，积谷防饥”的生存观;满足“恋爱、家庭、生育”的人生历程完美观；希望有“几代同堂，多口之家”，以加固与维系夫妻等关系的家庭和谐观；响应“人口控制或民族昌盛”的社会责任观……多样性的风俗、文化、经济、社会形态等无一不在影响着生育观。

王女士已有一个读小学一年级的女儿，但丈夫想要一个能传承姓氏的儿子。王女士考虑的是，人在36岁的中年正处在职业的黄金期，如辞职养育孩子会失去升职的希望。赵女士为儿子进一所好的初中已搬过两次家，为了学区房已成“惊弓之鸟”，故非常害怕再为老二去折腾学区房。张女士是高学历、学霸型的白领，工资高出先生一大截，因商议由谁来承担二胎的主要责任人，一直无法达成共识。严女士的先生中年有为，正在提拔的冲刺阶段，担心生老二影响他集中精力去博取前程。

现在社会出现了一系列生育的新问题与新观念。由谁来带孩子及如何照顾孩子的抚养观，是双方父母、请保姆，还是一方辞职等；孩子从出生就要开始考虑到其一生的前途，因为要从所进的幼儿园、小学、初中、高中直至大学，甚至考量今后的职业、居住地到婚恋;过去有“孟母三迁，择邻而居”，而今是“学母三迁，择校而居”的居住择校观；妈妈何时生，二胎、三胎年龄间隔及性别的生育质量与效益观，甚至还有生育的途径与方法观，从试管婴儿到代孕、借精，从自然分娩到剖宫、择日等，总之，林林总总、不一而足。

繁衍后代是人生的必然与必要。有辛苦，同时也在享受；是历程，同样也有结果；虽有迷茫，却也有期盼和希望；要有责任与担当，更要看到大千世界和社会发展。生育需要去思量，但没有必要拿捏到如此复杂与精细的程度，更不能附加如此的“价值”观念，将人生中的不确定值都变成确定值，否则，生育就会成为人生的一种羁绊，或走向歧途与反面。

如何弥补缺失的父爱

现代离婚容易形成的逻辑怪圈：孩子判给女方抚养，而再婚男子却不再关爱前妻的孩子，有时为了给孩子寻回父爱，女方又一次步入了婚姻殿堂，于是……

这是一个真实的故事，关于主人公青依与可爱的女儿小雪。青依是一个靠上门给客户做美容而独自抚养两个孩子的母亲。小雪自两岁开始，一直都在询问自己的爸爸是谁。小雪是她第二段婚姻生的女儿，自离婚后，孩子的爸爸就没来看过亲生女儿，甚至没有给过抚养费。第一段婚姻离婚后青依独自抚养儿子，当儿子六岁时，性格已很自闭，并一直在追问妈妈为什么自己没有爸爸。

青依认识了一个信誓旦旦能善待她儿子的男人，对此她很是感激。男人虽比她大 19 岁，由于给了她一个承诺，于是他们结婚了。开始时男人能把男孩视为己出，于是他便提出再生一个的要求，青依很是犹豫。男人施展惯用的糖衣炮弹来攻击，说自己年纪已很大了，如有一个完美的四口之家，便更能安心地过日子。青依被感动了，再次怀孕后，发现男人并没有遵守承诺，而是在孕期出轨，在小雪出生后不久，他们便离婚了。

只是为了给孩子弥补父爱，没想到步入恶性循环之中，当第二个孩子出生后，又多了一个孩子失去了父爱。如果社会上男人都丢失了责任感，单亲的孩子还能找到父爱吗?

离异后的女性要明白与守护最为基本的规律与准则，即现代中国社会对单亲家庭已有非常大的包容度，要将家庭变故的事实如实地告诉孩子，让孩子正确面对才是最合适的。离婚后如果没有遇上自己的真爱，几乎很难给孩子寻找到所谓的“父爱”，给孩子一个虚幻的父爱更是错误的。

如何选择孩子的抚养权

无论持何种生育观，底线一定是责任；抚养权既是一种权利，也是一种责任。

单身母亲为什么会有那么多？据统计，离婚后有 83% 的男人不但放弃了监护权，其中不少人还不承担孩子的抚养责任，男方往往会利用母爱与人性让孩子去羁绊着妈妈。因男人的出轨而造成离婚，是离异的主因之一，“虚假爱情”给女性留下终生难以抹去的阴影。

上面的案例中，男方在离婚时担心孩子妈妈会因第一次婚姻已监护着一个孩子而据理争辩，便答应孩子的监护权归父亲。但在办完手续后，男人并没有带走亲生女儿，而是对女方说，如果女儿小雪跟后妈在一起生活，会遭到虐待，自己一定按月支付抚养费。而女方担心孩子可能会被虐待，只能答应了。男人再婚后便消失了，好多年都不来探望自己的孩子，也拒付抚养费。

小雪的爸爸和许多父亲一样，很自私，善抓母亲爱孩子的弱点。这些男人都明白，一旦带着孩子，再择偶的标准无疑要降低很多，在“幸福”面前，他们都选择了放弃孩子。有数据调查显示，离婚时只有 17% 的男人选择要孩子。现实中很少有男人在离婚后,能做到一辈子不再婚。而女人在选择配偶时，同样考虑的重心也会放在有没有前妻所带来的“负担”上，而很少去思考男人应有的责任和担当。

要让所有女性明白一个道理，只有自己强大了，才能保护好自己。选择婚姻很重要，走向离婚时选择监护权、抚养权同样也很重要。女方要充分考虑自己的学历、工作、收入、年龄、环境等现实情况，做出正确的选择。更为重要的是，如再次择偶一定要将男人的责任和担当放在应有的高度。

单亲妈妈给予孩子的是什么

在家庭教育上，角色不同，分工与主次亦不同，理想且又简单地表达为：母亲在礼仪、品格与气质上；父亲则在理性、责任与格局上。如果一个貌似“完整”的家庭，父亲起不到应有的作用，又何来所谓的父爱和阳刚之气的培养？

单亲妈妈青依总是为女儿小雪粉饰一个完美的父亲形象，致使孩子每天都在问爸爸为什么不回来看她。小雪在梦幻中有一个爱她的爸爸，而青依所担心的则是哪一天“梦”的破灭，这对孩子是一种残酷的打击。

要培养孩子对单亲家庭的正确心态，并从妈妈的坚毅中去获取上进心和责任担当。当孩子明理后，要告知父母双方离婚的真实原因，不要给孩子杜撰出一个完美父亲的形象，更不能让孩子因父亲不负责任的行为而产生怨恨，要懂得原谅。埋在心中的恨是人的一生健康成长之大忌。

单亲妈妈如有抚养困难，让孩子去爸爸新的家庭中生活不失为一种选择。不必过于担心后妈都会虐待孩子，要信任别人也是母亲，毕竟中国是法治国家。如有问题还可以教会孩子拿起法律武器来保护自己，作为母亲也应该经常去探视孩子，询问状况。

单身母亲不要因为抚养有困难，把怨气发泄在孩子身上，最终同时伤害了自己和孩子；同样也不能因为孩子缺失父爱，而过于宠爱，让孩子错失培养良好行为、习惯、性格的好时期。

特别是因感情、性格等不和而离婚的单亲妈妈，不要对认真履行抚养责任、经常关爱孩子的父亲恶语相加，要教育孩子同样爱自己的父亲，这是人健康成长的前提。

女子本弱，为母则刚，这只是古训；在当下应是，女人本刚、离婚更强。单身母亲要以乐观的心态、勇敢的姿态，将离婚的事实告诉朋友、老师、家人，让更多的人有机会给予孩子更多的关爱。单亲妈妈需要孩子一起来理解单亲的不易，让孩子学会更多生活与社交的技能、独立与顽强的品格，弥补孩子因缺失父爱而导致的各种不足。

单亲妈妈不必是超人

每个人在社会上都有多重角色，所谓“人生如戏，戏如人生”，指的是在人生舞台上需要担当的角色。单亲妈妈只是母亲，无须处处去担任父亲的角色，更不需要成为超人。单亲妈妈已离开了原来的丈夫又未建立新家，本属无奈之举。

作为单身母亲都在想方设法给予孩子最周到的呵护，其中的艰辛和委屈只有自己知道。即便是豪门媳妇齐娇与赌王儿子离婚后，获得了巨额的抚养费，但为了尊严还得故作坚强。试问那些普普通通的单身妈妈拿什么维护自己的尊严、支撑做人的坚强？

一期《奇葩说》，聊妈妈被称作超人是不是一种赞美。詹青云直击心灵振聋发聩的一问：“凭什么妈妈要做超人，当妈妈就得当超人，做不到就是不合格的妈妈，这种压力太大了，凭什么？社会对女性的要求太高了。”一个单身母亲如本身工资不高，甚至没有稳定的收入，男方每月支付两千多元的抚养费，在大城市很难应付孩子的各种开支。如因孩子小，又没有亲人协助，无法出去工作，那么日子又将怎么过下去？生活的压力有时会让妈妈难以承担，往往会把对男人的怨与恨发泄在孩子身上。

中国法律规定，两周岁以下的孩子一般由母亲抚养，十周岁以上的需要征求孩子意见；而两周岁至十周岁的孩子，则需要法官综合父母双方的抚养条件等因素，按照有利于子女健康成长的原则进行判决。在实际离婚的案例中，离婚诉讼涉及两周岁至十周岁孩子抚养权时，父母双方往往就孩子的抚养权归属争论最为激烈。男方因担心再婚生育，会选择让女方抚养孩子，自己出抚养费。

男人一旦再婚，尤其有了孩子后，家庭压力增加，就会忽视前妻的子女，不但长期不去关心孩子，甚至不给抚养费。父亲的“消失”，难免造成孩子迁怒于父亲。男孩会效仿父亲不负责任，形成对家庭的冷漠；女孩会因为缺少父爱，渴望关怀，堕入早恋，甚至找跟父亲一样年纪的男人。一个不幸的家庭很有可能周而复始地进入一轮又一轮悲剧。全社会应该对此有共识，努力减少甚至杜绝这种循环之路。

从敬畏生命到理性恋爱

人类进入文明的标志之一就是对生命的敬畏。生命是从胚胎开始的，所以珍惜生命应该是不要随意堕胎。20 世纪 50 年代有一部墨西哥的电影《生的权利》，就是为此而发出的呐喊。

爱情，不能带有太多的功利和欲望；婚姻，是受法律保护但又需要有极大付出的一种关系；生育，则是一种对生命的敬畏和神圣的责任担当。对上述三个概念没有较深刻的理解，男女双方千万请保持好距离。从茫茫人海中相识、暧昧、热恋，直到走出不该走的那一步，大部分女生都是在完全懵懂的状态下“被迫”怀孕的，未婚先孕会带来什么后果，她们知而又全然不知。

故事的主角是小青，当她跟男友摊牌的时候，男友却冷冷地说道：“生完孩子，还会有好的工作机会吗？再说，孩子怎么办？我也没钱抚养。”小青拿着检查报告，小心翼翼地告诉他，子宫发育不良，如果胎儿不生下来，会终生不孕。最终，男友看似很愧疚地留下了一句“对不起”的话，头也不回地走了。

我们替小青悲哀，替肚子里的小生命悲哀，同时，也替那些未婚先孕却不能做主的姑娘悲哀。像小青这样意外怀孕的女孩，每年都不在少数。最终小青还是把宝宝生下来了，无疑，她是悲剧的，患了产后抑郁症，时常闹自杀。父母看着这些无奈又无助。

原国家人口计生委科学技术研究所 2013 年发布的一组数据，在我国每年人工流产多达 1300 万人次。北京大学人口研究所开展的“中国青少年生殖健康可及性政策发展研究”项目显示，在婚前性行为的女性青少年中，高达 91% 的非意愿妊娠者诉诸流产。

人们都说两性关系是平等的，这是理想和期望，怀孕所带来的风险和伤害都得女性承担。女性千万要记住几个常识，承诺有时会毫无价值，而越远的承诺越不可轻信；人往往是被情感主导着思维，热恋时的你，智商可能是“零”；请细心窥测对方对社会的责任感和对他人的态度，这些才是真实的。最重要的是，只有不断地学习与思考，强大了自己，路才会在脚下。

不要前妻孩子的男人，你敢嫁吗

不管你接不接受“利益”一词，人都有趋利避害的本能。遇事用道德大棒去施压，有时还不如采用利弊权衡与法律制约。

一家高端婚介机构把某个离婚男人包装为：离异男加50万元以上的年薪；孩子的监护权归前妻，抚养费月仅支付2000元，每星期只须探望一次；和前妻毫无瓜葛。择偶要求：未婚女性，年收入20万元以上。

婚介所将不承担监护人权益视作一种很值得炫耀的条件。二婚男士和年轻人相比较，有阅历、见过世面，所以成熟稳重、懂得珍惜，既善解风情又知道怎么去体贴女孩儿。婚姻介绍所都是在上面这些辞藻中做文章，都是以此作为标榜的资本。每个未婚女孩儿进来寻找对象时，对婚介所推荐的离异男同样关心的也是收入、负担和所谓的“成熟”，很少有人去关注他对前妻孩子的态度和责任。

离婚原因是多样的，如感情不和、经济矛盾、家庭暴力、品行不端、恶习缠身、离家不归、婚外留情等。但是婚恋机构一般都会把离婚原因写成是“感情不和”；很多人在离婚时，关于离婚原因一栏也是为了照顾面子而不如实填写，特别是家暴、出轨。

大家是否关注到年收入达到50万元的高端人士，能舍得抚养费也就2000元，而且孩子还是在上海这样的高消费城市。孩子推给前妻抚养，其实是男人给自己留后路。当然，这一点在当前的法律上也无可厚非，但放弃的却是已失去“父爱”的孩子。未婚女士难道不去担心如此对待前妻和亲生子女的男人，将来又将如何对待你。

有些男人有了一定社会价值和财富自由后，考虑的不再是社会和家庭责任，而是想从中获取更多的利益，因此而产生的爱情不会再有真情与付出，只是功利和交易，问题更关键的还在于女士不应去助长这种社会现象。

女性择偶观与择偶基准

2020 年仅上半年，全国依法办理离婚手续的共有 168.3 万对，比上年增长 11%，离婚率居高不下。

有人对最好的“恋爱、婚姻、家庭”三者之间的关系做了一个概括性的描述，即“始于激情、伴于宽容、存于习惯、终于依赖”。爱情如果仅仅始于功利，后面的路一般都会难以为继。不少人将婚后的家庭生活仍寄希望于潇洒与浪漫，当居家的柴米油盐和孩子的照顾混杂成一堆的时候，发现当年所谓的感情和承诺都不值一提，剩下的只能是一地鸡毛。

婚姻的本质是一种契约关系，个体通过婚姻组成家庭，将自己的生活成本最小化，幸福指数最大化，从而更好地在社会中生存。然而，有人偏在其中失去了责任感，事事先考虑自己而不顾及家庭，久而久之，这种失衡的夫妻关系自然会引发婚姻的破裂。

离婚女性说得最多的一句话是：“悔不当初，没听从父母的劝告。”其实只是“当局者迷，旁观者清”而已。传统的婚姻讲究衡宇相望、门当户对，现代人则重视道合志同、情投意合。门当户对，会有各种考量指标与量化标准，而情投意合就很容易产生一定的模糊性和随意性。门当户对不一定全对，但“人当观对”则必须有。

小说中的男女之情，大多是写“两情相悦”，以此博人眼球，如《红楼梦》中的贾宝玉和林黛玉。现实中的婚恋观则更倾向于“两利相权”，即双方都会去权衡利弊、计算得失。一代才女林徽因最终选择的是梁思成而不是徐志摩，其实也是此理。

现代社会由于受教育程度的提高、信息量大又具对称性，加上社会观念的多元化，生活方式的多样性，男女相结合就应该考虑到“两商相度”，即拿捏与评估一下男女双方在智商与情商上的相似度和契合度。人的智力、价值判断、自我认知的差距或差别过大，会很难做到有效沟通，长此以往则无法去营造一个良好的家庭氛围和育儿环境。

如何认识与面对家暴

家暴大多数施暴者为男性，是社会、情感、生物等因素的共同作用，实施者存在认知、心理、品德问题，也包括精神障碍和生理因素。家暴方式主要有身体、性、精神暴力及经济控制等，具有普遍性、反复性、多样性、隐蔽性，有种观点认为家暴只有零次或无数次。其中一些施暴者往往缺乏良知、冷酷无情、自私自利，且有操控他人的固有观念，具有一定的反社会人格倾向。

2018 年“国际消除家庭暴力日”发布的信息：全国 2.7 亿个家庭中，有 30% 的已婚妇女曾遭受过家庭暴力，达 8100 万人；而其中 95% 的人错误地使用了挽回“爱情”和家庭的办法，因为不想失去所谓的“拥有”；我国每年有 15.7 万妇女自杀，其中 60% 自杀都是因遭遇家暴，家暴致死占到其他死亡的 40%；面对家暴，女性平均要被家暴 35 次才选择报警，这是一组多么可怕的数据。

故事的主人公是两个孩子的母亲，遭受家暴达到 12 年，儿子 11 岁，也同时遭受家暴。当女儿 4 岁时，主人公萌生为了保护女儿而离开这个家的想法。过去事情的悲哀就在于，她明知道自己是受害者，但却产生了难言的羞耻感，就像被强奸的女人一样。

几千年积累的封建残余，使被害女性产生了认知误区，家暴不是隐私，要大胆说“不”，不要让加害者认为这是“理所当然”的家事、私事，要让他们成为社会的“过街老鼠”。妈妈还应该明白，在长期家庭暴力阴影下的孩子容易患上抑郁症，甚至歇斯底里，其中也有长大后对妈妈大打出手或封闭自我的。为了孩子，请远离家暴！

长年的家暴，会让部分女性患上斯德哥尔摩综合征，即认知与情感产生严重的偏离。她已不再和她的丈夫是一种正常的夫妻关系，而成为一种“人质”与“绑匪”的关系，产生一种盲目的依存感。在这种畸形的形态中，“人质”的命运掌握在“劫持者”手里，“劫持者”让她们能苟活下来，便不胜感激。她们与“劫持者”同患难、共命运。

恋母情结的形成与防范

恋母是常见的一种不良心理卫生问题，产生的原因是不正确的家庭教育方式，其核心是“三过”，即过度的溺爱、过量的关心和过于亲密的接触。三至六岁的孩子，开始对性器官产生兴趣。特别是不当的裸露、触摸与亲吻等行为，提升了孩子想去了解的欲望和产生的感官享受。恋母情结易使男孩女性化。性心理学有一个对此衡量的指标叫“性度”，即勇敢、果断、担当是男性度强，而温柔、细腻、腼腆则是女性度高；反之就是娘娘腔或假小子。

M 女士有一个非常可爱的儿子，夫妻二人疼爱有加，已过了五岁还非得和妈妈相偎而睡；加上 M 女士喜好香水，促使了儿子的好感度，最近特别喜欢摸妈妈的胸部。D 女士的丈夫在外地工作，因一个人带孩子容易疲惫，故而许多事都不做回避，特别是女性用品，儿子逐渐对有些问题产生了好奇与敏感，有些事让 D 女士觉得非常难堪。P 女士夫妻中年得子，溺爱便成了一种家庭常态，由于缺少管教，故孩子不懂得什么叫约束，随心所欲，从无知、无谓，直至无忌、无畏。F 女士是一对年轻夫妻，自己尚稚气未脱，做事也是没大没小、毫无顾忌；为省心，各类电视节目常在一起看，儿子也开始学会了一些模仿，如会主动去热吻妈妈。

人出生后的成长过程一般是从行为、习惯到各种情感的建立；成人则反之，常用自己的情感去引导思维，形成动机，产生行为。人是从行为意识的培养到概念的建立，再到情感的形成，而关键则是要理解情感归因到何处。人是通过学习、深思、反思而形成理性思考。防止恋父、恋母情结最关键的是要强化隐私观念，首先要爱护并培养孩子懂得自己的隐私，同时要防护好家长的隐私；其次是培养孩子的羞愧感，能够本能地不齿于不该做的事。从小要养成有敬畏之心，懂得尊重文化与风俗，讲究伦理次序，善于拿捏分寸；特别是要防止认知与情感上的偏离，即已形成的兴趣与社会常识性认知产生不一致。

婚姻中互相改变的逻辑

“不是一家人，不进一家门”是人们口口相传的一句俗语，也是成语中常说的“近朱近墨”的逻辑关系。人会随着环境而改变自己的行为、习惯、认知、情感等，只是主动或被动、明显或隐藏而已，但设定了一个目标的改变却是很难做到的，这就是“江山易改，本性难移”。目标一旦被设定后，便产生了关注度，随之唤起了心理暗示。如在情感上是接受的，会产生正面效果；如是排斥的，则可能产生负面效应、适得其反；如是不以为然，人的情感会产生选择性接受，对存在或出现的信息只能是充耳不闻、视而不见。

婚姻后男女之间的关系各不相同。A 女士和 B 先生是经人介绍的匹配型，双方都知书达理，可谓有一种“举案齐眉，相敬如宾”的境界，但“天长”，A 女士却感到累；C 女士和 D 先生是“一唱一和，主次有序”的互补型，而“地久”，C 女士有了失落感；F 女士和 H 先生是青梅竹马，形成“有商有量，彼此理解”的情趣相投型，但也是长此以往久而无味；而 K 女士和 P 先生则走到了“貌合神离，同床异梦”的冷漠型。

人对幸福度的理解，没有绝对或相对统一的量化标准，同样的环境、状态、关系，都可能有截然不同的感觉。人想再创新或提升婚姻的幸福感，大多都想试图去改变另一方。最近有一句流行语：“想改变对方的是精神病，改变自己的才是神。”这句话也可以这么理解，不要犯傻去当精神病，当然你也当不了神；结论，谁都改不了。另外有一种说法，有能力且改变了别人的是超人，能总设法去适应的是凡人，没能力而想改变别人的是俗人，经常懂得改变自己的是能人。问题是想改变什么，是行为、习惯、爱好还是认知、思维、情感？人的改变，相对合理的逻辑与路径是，孩子从行为、习惯、认知到情感，而成人则要从情感归因着手，即解读、剖析与反思自己的情感。人被刺激后，经潜意识、前意识与神经递质、调质、神经元的综合运作，形成当前以审美情趣与价值判断为主体而进行解释的一种思维模式，并用思绪或行为来满足人的情感需求，求得一种精神平衡。人是可以改变的，只是本性“难”移，关键在于从何处着手。

情调浪漫与柴米油盐

从文艺的角度去理解，所谓浪漫是指更注重精神层面的追求。在现实中，浪漫是一个相对宽泛的概念，对此人们各有不同的理解和需求，一般都是和美好联系在一起。生活中则常将浪漫与严肃相对应。如有相对放纵、不拘小节的随意型；富有诗意，爱好艺术的文艺型；偏爱独特、喜好新鲜的创意型；生性好动、不甘寂寞的活跃型；等等。有些甚至将一种相对认同的模式、套路、行为也都划归为浪漫。如某纪念日送礼品、共餐、娱乐活动，或在某个特定的时间、地点约见等。其实婚姻并不单纯是浪漫之旅，更不可能总有风花雪月。

刘女士是一个文艺型女性，喜好穿着打扮，找到一个理工男组建了家庭。婚后刘女士非常不满先生不经打扮、换装就出门，抱怨他生活太不浪漫了。王女士特别重视仪式感，认为仪式既是人生的组成部分，也是对浪漫生活的一种衡量标准。过多的仪式让男方感到疲于应付，而女方觉得是他不解风情。李女士是一个将“黏”视作生活浪漫的黏人型姑娘。黏人的要求很多，如要经常在一起，事事都须讲套路，还得进入对方的圈子，电话信息要“秒回”，等等；关键是对方不得持有否定的态度，否则就是不懂情调。张女士爱逛街，特别是爱奢侈品，并认为赠送或拥有它才是一种生活的浪漫。范女士的浪漫非常标准化，但也很单一，必须是看一场演唱会或者听音乐会，才能算得上是浪漫。

人生只是一个单向的过程，走过、体验过了就应该理解为获得了某种满足感，更重要的还在于你对此的感悟。世界上没有绝对的拥有，都只是一个瞬间或时段的过程与状态。任何重复性的“浪漫”，其实都已带有了许多附加值，只能是一种给予满足感的交易，而减少的一定是所谓的“浪漫”。浪漫是爱的衍生品，故离开了爱的基础也就无所谓浪漫。婚姻更重要的是理解与包容，应该淡化形式上的、追求精神上的。婚后的主旋律肯定是柴米油盐、生儿育女，要把浪漫视作装饰品、点缀品、调味品。生活要有浪漫，更需要学习。人一旦有了高度和深度，才懂得创造与诠释浪漫。无奈之下的制造者与刻意为之的追求者，其实都还是不懂真正的浪漫。

匹配、相投、互补的婚姻

选择什么样的对象，是每个谈恋爱的人都会考量的问题，其中不少人会去考虑选一个什么“类型”，也就是会选择自己的偏好和熟悉的角度去看。选择何种类型可以认为是对婚姻的一种理性思考，但首先得对于自己所赋予的“型”有一个明确的定义与内涵，其次是读懂自己，然后才能去解读与剖析别人，并按照自己确定的“型”去按图索骥。

找对象困惑时，也可以用一种量化方法，即用你设定的标准或“型”去打一下分。即便是按自己定下的标准，只是 60 分的你，大多都会被错估到 70 分，然后用 80 分的心态，想谈成 90 分的朋友。用这种思维方法的成功率会很低，关键是读不懂自己的人，也很难读懂别人。

A 女士很优秀，各个方面都很出色，所以 A 女士优先考虑的是势均力敌的匹配型，即对家庭、学历、外貌、收入、气质、年龄等全方位考量。但能够与之相匹配的则少之又少,甚至相亲的机会都难寻。B 女士则很“幸运”,“硬件”的匹配度很高,但婚后男方的脾性却让她无法接受,才感觉到忽略了“软件”的权重与匹配度。C 女士深知自己的脾气比较急躁，想找一个性格温和、能够在日常相处中有反差度及互补型的，但没了拌嘴、少有吵闹，感到除了脾气以外，似乎在其他很多地方，并未达到所谓的互补，反而觉得缺乏生气，让人有一种压抑的感觉。据调查，有些女性前后谈过十多次恋爱，有的甚至还同居、结婚了好几次，但都觉得没碰到过很对型的。

婚姻的成功往往在于物质基础与外形五官,而分手却是因契约精神与“三观”。故只有在爱情基础之上的“类型”才会有价值，而“型”最多只是构成了爱的一种底色，在此基调上需要进一步用爱去描绘出斑斓色彩。

男性最大的强项，在责任与担当；而偷窥与考验他的正是社会的责任感和对他人的态度，而不少女性关注的却是如何对待自己。男女双方的互惠、付出有时只是一种交易与索取，所以“伪型”就会大量存在，所谓的匹配、互补、相投都是一种假象。人的有些特质和环境有很大的关联性，而岁月的沧桑也多少会消融其锐气和特质，最后大多也都是无所谓型的。

26
0
15
4
2
17
6
13
11
8
10
24
33
20
31
22
29
28
35

在人生中放弃赌的意识

赌，一般理解是以财物为注、博取输赢，思维方式上是对一种不确定的结果所抱有的期望值。社会上常见的有赌球、赌物、赌钱等。其实不少人一生都在赌，从赌错对、赌生气、赌狠劲等，到赌时运、赌精力、赌人生。未来之事大多具有不确定性，但却有其规律，如概率大小及其分布函数等。“潜龙勿用、见龙在田、飞龙在天、亢龙有悔”讲的是物极必反的规律。任何事情都应该通过不断的努力，去改变其条件、影响其结果，从而降低事物的不确定性。对不确定性大的小概率事件，抱有过于大的希望；或不通过努力只想在幸运之中得到好的结果，都可以理解为具有赌的意识。人生在世，稍不注意大多会输在赌中。

李女士生性好赌，从买彩票、玩股票到打麻将、去赌场，从而导致喜好烧头香、拜财神，将希望都寄托在时运之中。王女士面容姣好，想通过女貌去博取郎才；即便过了而立之年，仍然存在侥幸心理，渴望通过婚姻来翻盘人生。张女士作风踏实、做事认真，但总不甘心，不相信一辈子都时运不好；她不断跳槽的目的是希望碰到伯乐，让自己能得到重用提拔。吴女士教育孩子，不是去学习科学的教育方法，而是寄希望于孩子长大了会自己变好，经常找一堆所谓的案例，不断说服自己。秦女士对丈夫的好赌博也是寄希望于“浪子回头”的梦幻中，始终无法认清自己是另外一种赌。

人生有一条基本规律，即今天的懒，必定是明天的难；当下思赌，不免往后存惑。赌，从心理上分析，有投机心理也会心存善良，或有畏难情绪或想放弃拼搏等，总之是寄希望于外来的力量，如保佑、时运、伯乐、好人等。AlphaGo 计算机为何能在围棋的人机博弈中稳操胜券，其核心思想是计算机采用的逻辑与技术方法。如以摩纳哥赌城蒙特卡罗命名的分析分法，用“一将功成万骨枯”不断舍“败”存“生”的技术方法，这些都是源于赌而舍弃赌直至演绎成为一种算法。人类的认知已从单一的知识积累进入逻辑构建与技术开发一体化的深度学习时代，我们应该摒弃单纯的赌博行为和赌的意识，用现代深度学习与思考去探索与面对我们的人生。

希望只能在自己的脚下

社会化程度越高，信息在形式上越趋向于对称化，如不掌握现代深度学习能力与信息加工技术，大多数人都会成为碎片化信息的奴仆，而各种资源却会被信息的深度加工垄断。现代社会家庭传承的是基因、教育、格局、圈子、家风、情商、价值观念等。

信息极不对称，教育方法只能是传道授业，执着于苦学与知识的积累；信息基本不对称，则强调能力培养，寄希望于全面发展或早期开发；信息趋于对称就易碎片化，对所得到的信息不知如何深度加工，寻找知识下面的逻辑关系，以及支撑逻辑的技术手段，否则所获得的只是一堆散装的知识和几招“搬弄”知识的本领。

A 女士因家庭贫困，早年辍学，认为自己这一代已不可能有任何作为，故而寄希望于孩子，渴望风水轮流、时来运转。B 女士学生时代学习优秀，工作后事业顺利，丈夫也很有作为，可谓仕途得意。B 女士经综合评估，觉得无论从基因遗传还是家庭环境都不存在问题，相信孩子会前程无忧。C 女士家境富裕，孩子各种补习班从没有消停过，有些请的还是名师，可谓先机均占，百密而无一疏。D 女士的父母都是中学教师，退休后帮忙全职带孩子，具有家庭教育的优势，应该不会输在起跑线上。E 女士是留学海归，又担任外企高管，孩子被送到贵族型的国际寄读学校，既是高质量的教育又可送出国留学，可谓双重保险。

上述各种情况均是事物的表象，同时也存在诸多假象，甚至是虚象。在信息社会，由于信息量大，结构必然会庞杂，后面的逻辑也极其繁杂。在信息量小的年代，相对容易找到知识的结构，有时逻辑就伴随在知识的框架之中。如在古代，“日久见人心”“慧眼识人”等说法并非夸张，只是人的关系相对简单。而今如没有心理专家、测谎仪器，则很难对付高手。现代心理学可以理解为解读人的一种逻辑；而各种心理测试则是一种剖析人性的技术手段。人的认知模式大多在十七八岁已基本形成，随后对大多数人而言，仅是一种知识的堆砌和经验的积累。许多初中生和家长缺乏共同语言，究其原因是孩子偏向逻辑而成人喜好经验。渴望孩子有更大的进步，妈妈应该不断再学习，而希望就在好学习妈妈的脚下。

第二部分 2 育儿逻辑思维解读与诠释

文章所涉及的相对复杂的概念、问题、知识点、逻辑关系等，以问答的形式进行解读，同时以全新的逻辑关系进行诠释。简言之，逻辑是思维与判断的规律与准则，但人在思考时，由于情感的作用，对于规律特别是准则常会抛之脑后。我对书中所叙述的问题，尽可能进行归纳与梳理，其目的就是建立并强化规律与准则，以便让人在思考时能习惯以逻辑为思维的“接口”，从而淡化情感对思维的影响和导向。（针对 4~10 岁）

为什么意识关系到人的认知、思维、情感的成长

意识是人脑对大脑内外表象的觉察，但人却无法观察到，这可以认为是迄今为止这个世界上仍然存在的一个谜团，是专家与大众都最为关注的课题。哲学家、心理学家、生理学家等都在寻找意识最为科学的定义和最切合实际的解释。意识是人类所独有的一种高水平的心理活动，能对自己内在的身心状态和外部的环境变化产生知觉，并利用个人的感觉、知觉、记忆、情感、思维等进行信息加工及形成动机。

哲学家思考的是意识与物质相互对立与统一的精神现象，也就是意识与物质、思维与存在的哲理与逻辑关系。心理学家关注的是人所持有的对各种客观现实的心理过程及其反映形式，也是对外界和自身的一种觉察与关注的程度。生理学家探索的是大脑、神经元与神经递质等对于意识的关联与活动机制。教育关心的则是意识的形成与培养。

为了理解与研究意识，心理学家提出了各种相对于意识的概念。潜意识是由原始本我的早年心理印记、环境熏陶、人生历程等形成，也是人类心理活动中深埋且未被自己觉察的部分，一般情况下较难进入意识。前意识大多被认为是意识形成前，在潜意识和意识之间的中间环节，由人的情感因素、思维方法、认知模式等所调取的储存信息、意识或潜意识所决定。现代冰山理论认为，浮在海平面上且被个人理解到的意识仅为 3%，而沉在海平面下 97% 的是潜意识。下意识实际上是一种惯性意识，包括外在并非刻意去做的行为举止和内在没有自控的心理活动。

意识的培养是形成“人之初，性本善”的基石。人在激动与愤怒到一定极限时，如“梦笔生花”“神来之作”所描述的灵感，以及“怒从心头起、恶向胆边生”所形容的心理状态，都是这种极限的呈现，实际上大多是潜意识。人在成长过程中，特别是在幼时必须减少伤害、多存快乐。UK 心理测试通过一组极其简单的重复性行为，便可清晰检测到人的行为习惯、性格、气质等。所以惯性意识的培养便关系到人的“三岁看大”。前意识是意识形成的前奏，心理学一般解读为动机理论，现代深度学习理解为信息加工的技术方法，神

经科学解释为神经元和神经递质的活动规律，而从教育的角度来诠释则是情感归因、认知模式与思维方法。

意识的培养关系到人的认知、思维、情感。在日常生活中便常见有人会对某些信息和事情“充耳不闻，视而不见”，在这里排除因故装作不闻不见，人产生选择性的失聪、失明是对这些信息缺少意识，甚至没有了意识、认知和情感。例如缺少安全、法律、道德、诚信等意识，便会习惯性做出一些违背做人基本准则的行为；如没有形成弥补各种逻辑盲区的意识，做事不仅容易缺乏条理，也难以养成深度思考的习惯。

为什么概念既左右着人的思维方式又会影响到思维能力的提升

概念一词的内涵比较丰富，仅从中文词义上理解：概，简言之是对事物确定准则或做出限定；念，则是意识的汇集。概念可以解读为，人在形成判断情感时所产生的对某种事物的理解。概念的字义同样体现了汉语内敛式的思维方式和内涵博大精深的特征。

从认识论上理解，概念是人脑对客观事物的本质反映，反映了客观事物一般性、本质性的特征。人类在认识过程中把所感事物的共性或相似性，甚至数据的聚类性等特点梳理出来，加以概括，形成概念，并以此来观察与解释世界。概念的形成既是一个从感性认识上升到理性认识的过程，也是构成各种理论知识体系的基础。

从心理学上理解，概念是自我认知意识的一种表达，是人开展思维活动的基本形式，也是进行思考与表达的单元。如果将思维视作一种生物体，那么概念就是这种生物的细胞。故在思维中，从形成概念到其逐渐被固化的过程中，便会产生概念式的思维惯性。概念的特性在于反映思维对象，并又有别于其他对象，所以概念思维就具有抽象性、概括性、间接性等，用概念思维能把握事物本质理性认识的特征，也有利于思维能力的提升。

概念一般具有内涵和外延两个方面。内涵是指概念所反映对象被理解到的本质属性，重在质；外延是指概念所反映对象的具体涵盖范围，偏于量的属性。概念常用定义的方法，即对事物的本质特征以及形成概念的内涵与外延做出明确的价值描述或确切简要的说明，以便让人对概念有正确的理解或精准的把控，故概念会成为人生获取成功的第一步。

有了概念，认识世界的过程便可以变得简化，因为不必再去记忆每个独立的、具体的或繁杂的事物；有了概念，才能在其上面进行逻辑判断、演绎推理等更为深刻的思维活动。故而如何理解、诠释、延伸对概念的各种掌控，实际上是衡量智力水平的关键，但对概念认知的固化也会束缚人的思维，因而概念左右着人的思维。

概念的培养并非一蹴而就，对孩子而言，例如时间概念，就得从幼时开始养成，从对时间的价值、服从时间的重要性到遵守时间、珍惜时间等。许多人一辈子都没学好时间、空间、坐标、函数等基本概念，对此或是没形成正确的理解或者难以应用其解决实际问题。要重视对概念的灌输与培养，以及成人后对概念的不断拿捏与思考。概念学习可从抓住关键字词，剖析本质属性、逻辑关系；再到反复进行对比、梳理、归纳，甚至到对其打破、重构、提升，特别是搭建知识的网络体系、寻找支撑的逻辑关系。只有如此，才能提升对概念的理解、分析、综合、提升等能力。

为什么心理学家都会关注人“日有所思、夜有所梦”的机制与成因

从生理层面剖析，梦也是一种生理现象。人进入睡眠后，大脑细胞并非都进入休息状态，只是个体的主观意识控制有所减弱，或在某些心理暗示的作用下，形成部分脑细胞处于无休眠状态，仍在进行无主观意识操控的活动，这个部分便是梦。从生理角度来讲，梦是人保障机体活力的重要形式，也是调节生理平衡的一种方式，更是一种生理需求，例如可以对人的欲望、情绪起到有效调节的作用。生理上，梦是细胞修复、大脑发育的需要，特别是儿时的梦对促进脑细胞的发育有着重要的意义。

从心理学上看，做梦是一种无意识，或是平日里的一些长期性的想法经积累沉淀而形成的潜意识在起作用。在梦那一刻的“想法”是不加刻意修饰的，是未经“意识”而形成的动机，甚至还会产生行为，如梦游等。这便是对“日有所思，夜有所梦”的解析。心理分析是站在人的情感和思维对梦的影响与作用上进行分析。许多解梦是在寻找梦者自我感受的逻辑或因果关系，故而解梦的方法无论古今中外，无不是林林总总、千姿百态。

从哲学层面理解，梦是一种精神活动，是人的意识客观存在于头脑中的反映，无论是现实或虚幻、清晰或模糊、扭曲或真实或兼而有之，梦境中的事物都能在客观现实的存在中找到它的原型，故梦的根源都是实实在在客观存在的。人脑的意识以不同的形式、结构、状态呈现，虽然可形成千变万化、各不相同的梦，但都是意识的反映。

从技术层面上可将人脑视作一台有着海量存储并具有高速运算能力的计算机。在清醒的状态下，无论是非自觉的无意识或自觉的有意识等行为，人都在不断地获取各种信息，其中有些必须经过整理、归纳并储存起来以便形成记忆。进入晚间则需要给大脑腾挪出能够为明天输入更多信息的空间，做梦便是一个不断清洗、净化，给大脑清理数据的过程，梦有时还能够直接唤起人的认知能力。

单从意识层面解读，奥地利精神病医师弗洛伊德所说的精神决定论具有

一定的影响。他认为梦是无意识的欲望，是对人潜意识的一种满足。清醒时在潜意识中的欲望会受到社会与环境的压抑，梦是潜意识中对各种需求的满足，也是对生理与心理的一种平衡。

梦是伴随着人一生的生理现象。人做梦实际上是进入了一种无拘无束、游于无穷的自然状态，它顺应着人本能意识和精神生活的轨迹，故科学地剖析与理解梦可以帮助我们进步。把梦放到心理和精神、哲学和技术、心理与生理等透视镜中去窥测自己、分析人生，同时还可以提高洞察世界的能力。

为什么家庭教育与科学陪伴会决定孩子的一生

脑发育至两岁便达七成多，到七岁就已基本发育完备。脑是发育较快的器官之一，目的是让智力先行，以利于人的身心协调成长。脑功能早期开发还在不断探索之中，如奥地利心理学家洛伦兹的动物印痕行为实验，就发现了鹅在孵化过程中亲代能给予子代相应的生存信息。人之初的教育是情感和信息的输入与交流，其关键是如何发现与开发亲代基因所赋予后代的特长、天赋、禀性等。人脑的早期发展一旦错过了，则后面付出的将是成倍的代价或是永远的错失，故只有父母才能承担好上述天职。

谈到人的培养，离不开教育与学习这两个概念。如果用现代语言来诠释这些字的本义，那么“教”是传递信息，“育”是纠正行为，“学”是获取信息，“习”则是付诸实践。但现实中却很容易忽视与淡化“育”与“习”的功能，原因是受传统教育中“书山有路”等知识积累模式影响，于是便产生了送孩子去培训班等早教模式。让幼儿花大量时间去“积累”稍大一些就能轻而易举获得的知识或技能，丢掉了很多需要父母的陪伴与教育才有可能被开发的“闪光点”。

从现代教育意义上理解，教育与学习只是手段，要解决的是认知模式与情感倾向，培养的却是思维方式与逻辑接口。上述是人的纵深发展方向，也是一种针对性很强的个性教育。它没有横向全面发展的课程门类与固定教材，更没有现成套路与参照模式。这种现代纵深式培养模式，如没有妈妈的陪伴、爸爸的参与则很难奏效。有一个公认度较强的数据模型，即现代化社会中，家庭教育的功能与权重可以达到 70%，而其中妈妈的作用又可占到 70%。如果你选择放弃这个权重，大多并非留给了他人、机构或学校，而多数会是留给重复性浪费或放任自流。

现代家庭教育中陪伴已成为一种教育形态，既是一种义务，也是一门技术，更是一种艺术。如为了简要地说明问题，可试划分为三个级：初级仅仅是一种相随相伴，多的是监督，完成的是任务；中级是善于获取相关信息与之交流，或理解人的思绪并懂得调节，且又能在不断学习中提升陪伴技术，这是为人师长，完成的是责任；高级则是参与其中、“伴”学相长，且互为欣赏、共同进步，虽为亲人却似益友，这是一种艺术境界，是教育本质上的成功。

陪伴的技术方法很多，有了娴熟的技术，才有所谓的艺术。例如在育人手段上，在兴趣培养、快乐教育进程中，却仍常让其去经受挫折；在享受成功的喜悦之时，还要告诫正视失败和尊重对手；在情感与认知培养上，如在养成敬畏之心的同时，兼而灌输同情心、同理心、尊重与善良；在是非判断中除服从真理外，还要强调理性思考的概念明确、逻辑清晰，以及据理不傲与尊重他人。

为什么儿时的注意力不集中会影响终生

注意力是人最重要的一种能力，决定其能否专心致志做事，故而也是一切能力（如观察力、想象力、记忆力、思维力等）的基础，人的天才和平庸之差别往往就在注意力上，而孩子的注意力无法集中会带来很大的危害，如可能成为“问题孩子”，会干扰人际关系，造成自信心缺乏，还可能影响到人一生的成长。成年人的注意力无法集中时，同样得通过心理治疗、药物控制、加强锻炼等方法帮其恢复。老年人增强注意力则是减缓老年痴呆的良药。

注意力是指人的情感与思维聚焦在某件事物上的能力，也是判断认知选择性高低的程度。衡量注意力的优质性有四个方面：注意的广度是指能有效关注的范围大小、对象多少，如一目十行、过目不忘；注意的稳定性是关注时集中在某个特定对象的能力，如能做到敛声屏息、全神贯注；注意的分配，即同时进行多种活动的能力，所谓眼观六路、耳听八方；注意的转移是指有目的性地转移速度，如还能应付自如、游刃有余。人的注意力是有限的，切忌什么都去关注。

人的注意力调节涉及大脑的多种神经系统，如脑干网状系统对意识的调节中，去甲肾上腺素就会对认知、注意、记忆等产生影响，另外神经系统兴奋与抑制的发展不平衡、神经递质代谢异常等也都会影响到人的注意力。注意力可以通过外界因素加以改善，如儿童的感觉统合训练就是将各神经系统传导的不同感觉做组织统合，以改善脑处理信息的能力。

注意力培养在儿时是关键，要理解人成长过程中的基本常识与规律。例如，过度保护，易形成自制力差；过于封闭：关注能力会削弱；过于放纵，难以学会静心，必然是多分心；沉湎于玩乐，增多了精神消耗，肯定易引起厌学；缺少锻炼，丢失的是体质和毅力；失去约束，形成的是任性、肆意等坏的习惯。行为习惯的养成、道德标准的树立、人际关系的理解都和注意力培养有着密切的关系。

注意力不能集中，好比关闭了学习的窗口，所以要多做活动，不断刺激神经系统。加强注意力的方法有很多，如复述就是一种简便易行的方法，从复述日程到复述故事；从认真阅读到精准朗读，再到记录听闻等；从背唱歌谱到背诵诗词，到开启限时段记忆背诵；从顺数、倒数到随机数；等等。注意力的培养，只要用心、贵在坚持，到处皆是课堂，随时都有载体，成年人、老年人亦是如此。

为什么人的情感形成过程会决定人的思维方式和价值取向

情感是人对客观事物的一种态度，反映了客观事物与人需求之间的关系。情感发展与人的个性、成长历程、道德经验、审美趣味、价值判断等体验有关，因而逐渐对现实呈现出相对固定的态度。人所理解的七情，如喜、怒、忧、思、悲、恐、惊，是经历过的感情表现和心理活动；而六欲，眼、耳、鼻、舌、身、意则是体验后的各种生理需求。七情与六欲都是人对客观现实所持有的判断与需求。

人的情感是人为适应生存与环境的心理工具，并激发大脑神经与递质形成信息加工而产生动机，故而是思维、判断、逻辑运算的组织者，也是思维方式形成的原因。情感形成的个体差异主要有：情感指向什么，又因何而起的倾向性；剖析相关事物本质的深刻性；产生积极态度及持续动力的稳定性；转化成推动力的效果性。情感不但决定了人的智慧如理性、善良等，也形成了人的价值取向。

人的情感通过情绪表现出来，又制约着情绪，情感与情绪互为依赖。情感是社会需求相联系所产生的体验，对行为目标进行生理评价反应，是感情现象；而情绪是和生理需求相联系而产生的体验，对行为过程进行生理评价反应，是感情过程。情绪因刺激所引起，由主观意识的经验所导向，且与认知有关；故而情绪是体验又是反应，是动机又是行为。情绪状态不易被控制，是在寻求平衡与满足。

人都需要正面情感，教育大多也是采取正面的情感教育。其实人的情感教育与塑造都是在正与反的复合状态中进行才能完整。如伤痛可以化悲痛为力量，让人坚强；内疚、羞愧则可用来填补不足，如知耻而后勇；焦虑则反其道而用于励志，让其沉下心来；愤怒甚至可用作化解矛盾，正如佛教所言的“立地成佛”。负面情绪不但可以产生积极的一面，如性格中的柔性、弹性、韧性等，也可以学会排解不良情绪的技术手段与方法。

人的情感同样具有物质基础，大脑中分泌的各种神经递质就具有各自的调节功能。人理性情感的培养是根据需要去激发、抑制或者平衡这种利益的获取，这也正是思维方式和价值取向形成的过程。

为什么“三岁看大”的关键应该是情感教育

人的早期教育是一种相对单向的输入式教育，一个被打标签的过程，只存在有或者无的问题，即用什么样的信息与情感去占领它。人之初，是一个用情感去影响其认知，在认知中培养能力的人生过程。无数案例和数据都已证明，在幼年丧失了基本与合适的早期教育，人生将会失去许多的机会与幸福。

当人走完早期教育，且具备一定的认知能力后，灌输教育就会受到本能与自我的阻力，这便有了渗透与抵触、交互与胶着等过程，随之也必然会产生情感的纠偏与行为的纠正性教育。“纠”所花费的时间与消耗的精力将远远大于早期的输入式教育阶段。一般而言，输入式教育三岁已接近尾声，随之便进入以培养良好行为习惯为主的养成教育，让孩子慢慢懂得见贤思齐、择善而从。

当人的情感相对稳定后，在一定程度上会对思维实施控制，所谓的“屁股指挥脑袋”，是指由人所在的位置、处境、立场等所形成的思维，其中便带有较多的非理性化，此时就需要对其非理性化的部分加以改造。情感一旦固化后，常被形容为花岗岩脑袋，到了一种常画地为牢、作茧自缚的境地，改变的过程则将是极其艰难的。

在信息化社会，知识的获取相对容易，特别是呈碎片化的知识，迎面扑来、无处不在。在信息非对称的时代，教学目标追求的大多是为了获取知识、学会技能，所谓“传道授业解惑”；而今天，特别是早期教育，教与学可能只是作为塑造情感与培养认知能力的一种工具与载体，“三岁看大”的现实意义就在于此。育人阶段与操作年龄的划分，并非绝对，因人而异。

情感教育首先培养敬畏之心，这是一种对敬重和畏惧相融合的双重性的情感培养。幼时“常怀敬畏之心，方能行有所止”，长大才能懂得自警自省。缺乏敬畏教育的孩子，易形成现代社会公德所厌恶的“无所畏惧”的性格，其实是“无知无畏，无法无天”。这里的“畏”主要是指敬畏，包括对恩情与友爱、规则与法律、自然与生命等。其实真正英雄的壮举都是在追求真理的情感驱动下所形成的无畏，故在佛教中也有“我不下地狱谁下地狱”，这种颇具哲理性的教义。

情感的早期教育，其次是知耻。耻止于耳，即不能入耳的话。有了羞耻之心，才会产生内疚，进而自责，从而理解何为反思，这是一个阶梯式的渐进过程。有一种观点认为，绝大多数人一辈子都未曾进入“反思”的思维模式，虽过于绝对，但不无道理，但反思大多启蒙于早期的情感教育，因有了敬畏之心、羞耻之感，才会明事理。在教育中，从认知规律上，孩子往往更重逻辑性，而家长则更偏于经验性，两者应结合利用。

为什么青少年学习音乐的情感性语言比学习计算机的应用性语言更为重要

人最早接触的是用于思考与交流的自然语言（母语）及表达情感与调控心绪的音乐语言，其次才是提升逻辑思维能力的数学语言，最后才是用于人机交流的计算机语言和从事专业需要的各种工程语言。语言会影响人思维能力和思维模式的形成，从功能性上理解，有些人会偏向应用性的计算机语言，而忽视情感性的音乐语言。通过比较则有利于了解语言的一般性过程及其特征。

如对音乐教育与音乐学习中的思维方法做一个简单的梳理：在其思维方法、技术手段、描述对象上均为一体，偏重于主体与自我感受，属主体性语言；从音符、乐曲到表达，属目标与过程一体性的表达模式；采用多种音乐结构来表达思想，呈结构性思维；声码的编码系统，情感性的表达方式，近似自然语言中的感叹句；图像、意境等多种信息均采用拟声的编码技术，重视表达的关系、组合、结构与变化，强调情感表达的真实性;追求情感、结构、表达的一致性，丰富与挖掘人的情感世界与叙述方式，以增加表达的艺术性;一个在感性形式上的情感逻辑，创作时是在想象性中进行的形象思维，其基本原则是：确立关系、构建模式、环绕重点后再进行结构打造。

对计算机语言学习的思维方法也做一个梳理：在思维方法、技术手段、描述对象上相分离，关注对象与结论，属客体性语言；采用数据与指令，重执行与过程性的表达模式；执行数据加工技术，寻求各种指令的逻辑关系，属形式性思维；采用符号系统、指令性语言，和自然语言中的祈使句相同；将图像、声音等各种信息数字化，追求逻辑表达的完备与自洽，常采用封装、接口等技术，重视客观如何实现的虚拟性；追求思维、逻辑、形式的一致性，丰富人的认知结构与思辨逻辑，并以物化的手段加以呈现，用于认识人的思维模式和减轻人的思维负担；在理性形式上的数理逻辑，具有倾向性的系统思维，设计的基本思想是:分解问题、识别模式、经归纳抽象后进行算法设计。

上述两种语言均采用逐条对比的方法，以便更深入地了解情感语言和机器语言的特点与区别，以提高两种语言学习的针对性和学习效果，特别是将音乐作为一种语言来加以剖析与诠释。音乐首先应该是其语言性，然后才形成了自身的逻辑体系及表达的技术手段。音乐艺术是在其语言、逻辑、技术三者的结晶与升华，故而音乐成为艺术教育的载体与手段。如果将这一关系倒置，甚至将音乐学习视作掌握了一门技能或具有某种特长，这便是艺术加分或考艺术类专业文化课减分的由来。理解了情感教育的规律与意义，不言而喻，也就基本明白了情感语言的本质与内涵。

为什么学好母语的意义远大于学习英语

语言是表达与交流的工具，在思考时则成为信息进行加工的代码，在人的意识上又是构成概念的要素，同时也是思维模式形成与情感归因的载体。不同的语言会产生不同的思维方式。而语言的理解与应用还会对思考的纵深构成一定的关联性。在此仅以汉语与英语在语言表达时的思维方式做简要的介绍与比较。

汉语是象形文字，从象形字延伸到会意、指事、形声、假借、转注等，造字重客观，内敛性思维，在学习须咬文嚼字；汉语属分析语，也是孤立语，语法以语序和虚词表达为主，词序相对规范，虚词的用法达到了极致，词无形态变化限定，偏演绎性思维；句式重形式规范，讲究秩序与意合，语法呈隐性、重自然、求表达完整，句子结构较散，易形成表达的模糊性；重视意境的描述、表达的对称、声调的平衡等美学原则，从而形成意境美；汉字是声调语言、一字一音，音素多、发音前倾、强调咬字，故而抑扬顿挫、有韵有腔，能产生较强的感染力和语言艺术美；汉语的长句是由诸多的小句合力进行表达，是一种强调表达形式、节奏、条理、语势、意念等整体效果的思维方法；汉语倾向于从整体出发叙述问题，故较习惯于先整体、后局部，先次要、后主要的梳理、排序、演绎等思维方式。

英语为符号文字，构词多缀，有合成、转化、派生、混成、截短、缩略等方法，重主观，发散性思维，故形成了庞大的词汇量。英语是综合语，也是屈折语，语法以形态为主，表达有数、性、格、时态、语态等形态，故词序灵活，偏综合性思维；重形态规范，句子结构严谨，语法呈显性；重逻辑，不求表达完整，注重功能与形态的契合度；重实证、重结论，偏重于客观。英语是拼音文字、语调语言，拼音文字有音节，用停顿、重音、升降等方式产生旋律美；语调语言更倾向以肢体、语调、内涵来共同表达；英语的长句实际上是一个以主谓系统即主句总领的句式，其他小句则起修饰或限定的作用，是一种强调结构严谨、逻辑关系明确的思维方法。英语倾向于从局部出发叙述问题，更习惯于先局部、后整体，先主要、后次要而进行归纳与思维。

为了便于比较，中、英语均采用内涵相互对应的方式。通过比较可以看出，不同的语言并非只是发音、构词、语法上的不同，同时还存在着思维方式上的许多差异。现代社会，语言至少需要承载深度思考、高效沟通、准确记录、文化传播等功能。人的一生如没有较好地掌握一门语言，特别是母语，则很难完成上述的各项任务。世界上任何发达的语种都有自己的优势与不足，要善于用好自己的母语，不断挖掘与拓展语言的自身逻辑和功能，切忌无意义地以长比短。

为什么真正学好数学的关键并非在解题技巧与方法

数学思想是人类对数学的意义、理论、方法、工具等最为本质认识的提升和凝练。对个体而言，数学思想则是经过较长时间对数学的学习与思考，而被固化在意识中的思维模式和认知方法。数学思维是一个借助于自然语言、数学逻辑与符号以及各种数学工具与方法等，对相关信息进行加工的方式，既具有哲理性和逻辑性，也有情感性，如爱好、兴趣、追求等。

数学的意义是将数学知识应用到各个领域，包含人自身形成的逻辑思维能力和在日常生活中的应用。数学方法是应用数学的相关定理、公式、模式、程序或工具去解决具体问题，包括在学习中的演算、推理、证明、构建数学模型等，以及在职业生涯中的各种具体运用。数学方法的特征表现为过程性、操作性、技术性和工具性。

学习数学要重视、理解并妥善处理好数学的思想、意义、方法这三者的关系。有人曾做过描述：最好的老师首先是阐述思想，厘清意义与方法；其次是侧重意义；最后是教方法。什么是数学思想，也有人曾做过一个比较形象的比喻，如果你长时间不用数学，几乎忘掉了所有的公式，那么剩余的就是思想。换一句话来理解，就是你曾经站过的高度、探求的深度、拓展的宽度，以及给你留下的情感和思维模式。

例如在学习“坐标”这一知识点，掌握其思想者，总能自觉在数量和图形之间设法寻找与建立逻辑关系，或正向或逆向去解决实际问题；理解意义与善于应用者，则建立了坐标的方向感，能确定“点”在空间中的位置；仅学会方法者，除记住与认识了坐标系外，其余几乎都忘记了。

再例如对“导数”的学习更是如此，掌握思想者深知这是一个从绝对变化到相对变化，直至相对变化的“精确化”即取极限，一个分三步走的运算被法则化、公式化，凡符合这种运算规律的都可以是求导运算；理解意义者则知晓或熟记了几何中曲线的切线、物理学中的电感电路、经济学中的价格弹性与边际分析等都会用到求导；而只关注解题的方法者可能仅仅记住了 S 平方的导数是 2S 等。

学习数学如没有形成应该具备的数学思想，实际上是缺乏相应的逻辑思辨能力和科学认知方法。数学的解题只是培养应用能力与提升思维方法的载体，其实在传统的数学教学中基本采纳的还是以串行及演绎式逻辑为主的思维方法。每个人数学思想的形成都需经历意识的培养与强化、概念的理解与提升、逻辑的梳理与归纳、知识结构的打造与拓展等过程。如果想真正达到一定数学思想的高度和创新思维能力，还得学会构建一个神经网络的并行知识体系，掌握现代深度学习的技术和方法，既能纵览体系的全局或高度，又能对知识的深度进行挖掘并寻找新的逻辑关系或算子等，这也是数学思想形成的一种必然。

为什么体育的意义并非仅仅在于强身健体

据统计，中国有 3 亿以上的人口体重属于超重，且这一数量还在快速增长。2020 年 5 岁以下儿童的超重比例达到 8.5%，有些年龄段的女孩儿超重高达 25%。在教学资源紧缺的大城市，甚至还出现过肥胖家长的孩子不能入学的教育歧视，解释的理由是家长缺乏对自己的约束，故容易放纵孩子。上述说法肯定过于绝对，但不无道理。

肥胖属于一种营养不均衡的亚健康状态，儿童往往还容易具有持续性而导致成年肥胖。形成肥胖的因素很多，如基因遗传、生活心态、营养丰富与饮食习惯等，但缺少体育锻炼肯定是重要因素之一。

根据统计，中国人口的平均体重已超标，但人口的健康素质却在下降，特别是在校的青少年学生。其关键问题之一是缺乏对体育的全面认识。德智体美倡导的是全面发展，体育教学只是为了实现目标而采取的基本实施形式与途径。一般学校采取的方式还是以课堂形式为主导，易造成的误解是音乐课即美育，体育课便是体育。家庭教育的重点基本是在智育，以不断拓展孩子的知识为目标。实际上体育既是教育，也是身心健康发展的实施载体，同时也是生活、文化、精神、自然，甚至是人的寄托、追求、享受等。

体育是人回归到自然的一种体现。都市化后，人渐渐远离了自然，而体育却可以让人回归本性，体验一下精神享受，满足一种体能追求。体育不但有技术性，使人产生兴趣，甚至还有艺术性且可以让人欣赏，但体育的参与性与竞争性，会形成一种精神感染力和本能争斗性，叫人乐此不疲。故而体育是集技术、艺术、参与、竞争、和谐等于一体的活动，不但有益于人的精神与体能等各个方面的提升与协调，还特别利于人类对易退化的精神风貌进行培养，如顽强、勇敢、拼搏等意志力，人与人之间的理解、尊重、协作等道德感。

体育不仅锻炼了体格，同样有力促进了智力的提升与开发、个性的独立与释放、定力与能力的培养、技术原理与价值的评判、身心健康的协调发展等。在智力发展上，具体如迅时性判断能力、运动与肌肉记忆能力、动感与节律的协调与提升、智力与体力发展综合评判等。

青少年缺乏体育锻炼会有碍于身体发育，特别是对内脏器官的健全、骨骼的完善发育、身体整体的匀称及身高等；而在青壮年时缺乏科学的、持续的、系统性的体能训练，到老年时就会形成心肺功能及四肢肌肉力量不足等状况。体育锻炼实际是让少年养成习惯、健康成长；青壮年则是在训练与娱乐之中，陶冶情操、拥抱自然；老年人的体育只是在颐养天年、享受生活。总之，体育锻炼反映的是社会文明程度和公民身心素养。

为什么孩子在情感教育后逻辑与规则最重要

简言之，逻辑是思维与判断有效性的准则与规律。人常用的逻辑，如正确理解与使用语言的逻辑，以及对问题进行推理与论证的逻辑等。其实逻辑无处不在，只是常有人不太讲究逻辑，但从逻辑上有时却可以判断一个人的思维能力和道德意识。例如历史就是一门十分讲究逻辑的学科，“古今多少事”并非“都付笑谈中”这般轻松，因为历史的本身和记载就充满了明规则、潜规则和元规则，在笑谈之中多少可以判断其对逻辑与规则的思考能力与情感倾向。不知此处有逻辑，或是逻辑不清甚至混淆，都难以让人产生有深度的思考，更不可能形成有益的见解。

规则是供大家共同遵守的制度与准则。一般而言，都会具有一定的科学性、较为完备的逻辑性、相对广泛的同理心等。如果是一个拥有健康的情感和正常心态的人，会对此持敬重的态度。规则常以多种形态出现，如有明文规定的明规则，但难免会有局限性；无明文规定、约定俗成、互相约束的潜规则，无局限性、有隐蔽性，故易形成不合理性；以暴力竞争、强者定夺规则的元规则。元规则表现具有多样性，家庭之中就比较盛行元规则。

并非在学习数学中进行证明、推理之时才运用逻辑，逻辑充斥在日常生活中。在做事包括说话时，讲究条理性、程序性、节奏性、效率性等习惯，其本身就是对规律的一种思考；而惯于深思熟虑事情的缘由、对象、规律等因素，这便是讲准则。讲规律与准则就是具有逻辑性，只是我们平时忽略了这些方面的训练与思考，久而久之，变成了缺乏这些最为平常且又很重要的意识与情感，直至形成了缺少逻辑性的认知结构与思维方式。在学习数理、形式、谓词等逻辑知识与方法时，必须设法、用心让其进入自己的思想体系，即习惯于用这些思想方法去思考问题，真正成为自己认知模式中的有效结构与组成部分。

世界充满了规则，人生活在一个具有各种社会格局与框架结构的空间之中，如何遵循与选择突破才是人生的智慧，而遵循是首要的。明规则不要去破坏，或用平和的心态去理解，或提升能力去完善；潜规则须讲信用、遵法理、用智慧去驾驭；元规则不宜常用，用则必有道义。

为什么有些早教的效果远低于晚教

“物竞天择，适者生存”，这是一个自然法则，而“生而平等、人文关怀”则是任何社会必须具有的道德底线，但从逻辑上则有一定的矛盾性。现代社会的进步给予各类弱势群体的关怀越来越多，而真正的宽容还有很长的一段路要走。“不要让孩子输在起跑线上”便是一例，对于弱势的一方其实已经输在起跑线上了。孔子的“有教无类”就具有对弱者实施保护的思想。

世界绝大多数国家的儿童都是六至七岁入学，这已是理论与实践上的定论，也顺应儿童身心发育的基本规律。早教这一概念的提出是让学校、家庭及社会都能更加全面地认识教育的基本规律，既别忽视了启蒙教育与学龄前教育，也别轻视了课堂教育与社会教育，更别遗忘了课余教育与潜课程教育，当然也需要更为科学地理解与提升家庭教育。早教绝不是由学校去完成的基础教育，或揠苗助长式的灌输教育，从而剥夺了孩子天性的释放与潜能的开发。

现在一些城市的小学一年级新生，大多数孩子已经认识了语文课本上的所有字词。如是便出现了教师重复教、家庭进一步提前教的怪圈。据统计，小学生大多在三四年级时便失去了早教所形成的某些优势。早教常带有一定的强制性或诱导性，在后续形成的重复性学习过程中，极易让孩子失去对求知的兴趣，而形成的某些坏习惯则有可能伴其终生。再讲一个浅显的道理，早教孩子所谓考试的“优”，有些并非完全依靠智力、能力去获取，而是靠反复、重复的次数与机会比别人多，是在“起跑线”的后面已跑了一段，实际上反而是输了。

在教育中，传授知识的重要性早已服从于能力的培养，而现代教育更应让位于认知能力与模式的打造。认知是指用什么样的知识结构、课堂模式、教学技术、情感驱动等，让孩子形成对知识的科学加工方法。简言之，是用最少的时间传授最精髓而简约的知识，运用与构建最合理的逻辑，形成最透彻的理解与最完备的记忆，关键是产生最大的兴趣，用这些输入与输出去理解与判断人的认知能力。早教中有些记忆性的知识、机械性的重复，很容易扼杀孩子的天性与创造力。

早教的模式说到底是“玩”，无拘束地玩、翻出花样地玩，从而快乐地玩；在玩中产生好奇，在好奇中去观察、发现、思考，从而形成认知。这种认知形态和天然求知的情感驱动融为一体，也是一种最早形成的自然求知意识，包括潜意识，最具原动力，好比一种源代码。早教的内容和载体还有很多，如生活自理能力的培养、劳动习惯的养成、人际关系的理解、情感语言的表达、对自然和生命的热爱等。但上述这些却容易被我们忽视，而恰恰又是人在后续发展中最为重要的，因为这些都会影响到健康情感和良好习惯的培养。

为什么要重视孩子的同情心养成与同理心培养

中华文明有百善，倡导的是善心、善念、善行、善德等；佛教的善是提倡一种悟性，从而具有知耻心、平等心、慈悲心、自律心等；基督教的善强调用爱去实践，如付出的爱、忠实的爱、美感的爱甚至牺牲的爱等。不同的文化有不同的理解、不同的诠释，但殊途同归都是在启蒙同情之心。同情心不仅是一种教化，更是在理解、谦让、分享、悲悯等实践中形成的。极度缺乏同情心，在古代社会可以认为是进化不足；而现代则只能理解为一种“退化”了，常被人形容为猪狗不如、禽兽一般。

同情与善良都是人的一种情感，也是一种选择，是教育、熏陶、培养的结果，呈现出来的是内心的相对纯洁而少有恶意，也是一种品质与修养；而老实有时可能只是一种无奈，愚昧更不可能是善良，因为后者在一定条件下会失去善良。人之初，确实存在神经递质及情感基因的差异，但同情心与善意却是一种在儿时便开始的灌输式教化与培育，不会存在任何盲区与留白。

同情心是一种才能，因为同情和善良是和人的价值、信仰、追求等积极的一面相一致的，能与时代的脉搏、集体的意识、他人的情感等产生共鸣，随时都有可能产生进取的一面，并从外界汲取力量；反之，常怀敌意、总是消极，不但使自己生活在不愉快的情绪中，同时也缩小了思绪的范围与活动的空间，进而丢失许多积极的想法和进取的途径。

情商，评价情绪的一种指标，也是对人的自我意识、情绪控制、自我激励、读懂他人和处理关系等能力的考量。现代社会的人想获取成功，情商远比智商重要，而情商的重要表现特征之一就是同理心。同理心者善于控制情绪，能谦虚倾听、换位思考、理解人且识别人，进而会尊重人，同时也会受到人的尊重。依照上述逻辑线相对容易寻找到，且形成推理与评断人的根据，故而同理心也常用来构建对人的测评指标和用于识别人的基本方法，也是用人单位考察人的指标之一。

真正的自我认知并非一件易事，而同理心与共情能力有利于培养判断自己的认知和别人认知的异同或差距，实际上也提升了自我认知能力。人越理解自己，便越能控制好情绪，而使说话或做事更重视逻辑与依据，能有效防止误解、避免冲突，实际也是一个洞察力、分析力、处置力等的培养过程，提高了做人的亲和度和做事的实效性。共情能力过低，遇事很难切中要害或时机，喜好讲空话、套话，久而久之便形成了先入为主的主观性，且又很难被自己的意识所感知与理解，故而总是有理、极少服输，又何来进步。

对于同情心与同理心，如果持功利的眼光去看待，可能认为是吃所谓的眼前之亏。即便如此，和智慧提升与人的发展相比，孰重孰轻则是一个不言而喻的简单道理。但凡事也并非绝对，同情心与共情能力的培养亦须防止情感过于敏感，易吸收一些负面情绪，形成倾向性感知。

为什么孩子试错的勇气比防错的能力更重要

围棋在博弈中的“定式”，即一种被固定化的下棋模式，是据经验总结出来，且被认同的下棋程序及套路。定式对前辈而言，是在不断试错过程中的教训与总结；而对于后来者只能是在学习下棋时，一个如何防止错误的模式。故而下棋，定式记得越多、越清晰、越牢固，防错的能力则越强，也就被理解为下棋的“水准”相对比较高超。其实在人类社会，无论是其学习生涯或是社会生活中都普遍存在此种现象，充满了对各种防错经验、手段或技术的学习，且还是在不断犯错；而现代人工智能和机器学习则是在不断地去试错，最后不出错。

人为何易出错，因素颇多。如最易出错首先是情感上的，即非理性思维，常常先入为主且主观意识强；其次是意识上的，即没有形成科学的意识，或是视而不见、听而不闻，或是捕风捉影、空穴来风；逻辑上的，如逻辑知识的缺乏，或不明此处有逻辑甚至是逻辑混乱；概念上的，如不理解概念的内涵和外延，或扩展与升级；程序上的，如在计算机中，就存在程序的漏洞或故意而设的隐错。

在学习中，特别是对付平时的作业，也是在不断防错；少出错是一种学习态度，亦是一种基本功。老犯错肯定有原因，如不够认真、粗心大意、思路不清、概念模糊、惯性作祟等。学习上的防错实则是一个全过程，如概念要清晰，思考得缜密，步骤须合理，再加上聚神而细心等。但在求学的道路上，防错的思维方式与措施也只是用于作业、测验以及考试等某些方面。

防错是一种需要，也是一种手段，同时也成了一种技术。在各行各业中都存在与应用着各种防错的手段与技术方法，以提高工作效率、产品质量，以及预防过程或程序中的差错甚至是危险。现代数学和人工智能的发展，把防错的思维方法与技术手段提到了一个新的高度，追求的是“百密而无一疏”的结果与境界。

防错的意识用在学习中，是培养学生在思维方法上的严密性与逻辑性，以及学习态度上的严谨性与一丝不苟等，但绝不是全部。学习中仍需要大量的探索、实践、试错等，甚至是冒险。人在试错中观察、历练、成长，在试错中去发现、发明、创新。只有不断地去经历挫折与错误，才能形成愿意试错的意识与勇气，容错的心态与胸怀，以及纠错的机会与机制，才有可能产生一种具有“偏、奇、怪”的思绪、意识或逻辑，或是能够容忍有此等想法之人才。

所谓的少年老成、人情世故等，从某种意义上也就是防错的惯性思维在起作用。而另外一种极端情况是，明知是错，但为了某种利益或情绪的宣泄，试探着去犯错，形成不以为耻的容错心态，如此，人将会走上另外一条不归之路。

为什么要从小培养孩子的共处与独处能力

20 世纪 80 年代，曾经有过一种“人之初”的学校课程教育观念，即针对人主要生活在家庭与社会之中的特征，从自我认知的教育开始，逐步展开进而过渡到如何去认识并处理好与他人、家人、集体、社会、自然等各种关系。实际上，这种教育本来就应该从幼儿开始，以一种隐蔽课程，即不用正式教材和不设正规课堂的形式来实施，在耳濡目染、潜移默化、于无声处去培养人的一种基本能力，即共处、合群。人缺失共处的能力，不但会给人生带来诸多问题与麻烦，同时还会妨碍自我认知与健康成长。

共处所反映的，既是行为和习惯，也有认知与观念，更是一种意识与情感，同样也是培育与教化的结果。如对待他人需要的是多一点儿设身处地、将心比心；和家人在一起理应是休戚与共、温谦恭让；在集体之中遵循与倡导的是通力合作、同舟共济；对于祖国应是一种引以为豪与乐于奉献的精神与情感；而关于自然，则是敬畏生命与和谐共处的观念和本能。

共处能力培养与形成的途径与方法有很多，如可以从尊重、敬畏中开始，谦让、付出中践行，委屈、吃亏中历练，分享、互爱中成长，和谐、相长中成熟。任何一种情感和习惯的养成，都应该有清晰的认识、不懈的努力、践行的载体、实施的途径、纠偏的方法、检测的标准等。

共处更多反映出来的是意识与情感，而独处则是体现如何去内聚人的一种“内力”。独处不仅是指躯体，而更多的是侧重在内心。故而独处既是生活也是智慧：不但是一种需要，更是一种方式。古人追求的慎独自律，是指人在独自活动、无人监督的情况下，凭借高度的自觉性，仍能按照规范行事。慎独既是一种修行的途径与方法，也是当今社会学习与工作的需求与必然，同时也展示了人的素养与格局。

现代社会的特征之一是信息量巨大，且以对称化或非对称化的形态交错、共存，并用一种碎片化的形式蜂拥而至，使人真伪难辨、判断错位，甚至丧失了对信息的再加工能力。特别是在大数据算法与逻辑关系日益复杂的今天，隐与显、因与果、事与理、主与次，具体到一般、分析到综合、归纳到归约，扑朔迷离、不一而足。没有独处与静思的渴望、终身学习与深度思考的能力，根本无法达到应有的层次与境界。反之，独处也是评判一个人能力或深刻性的一种标准和方法。无论是共处或独处，都得从幼时行为的培养、意识的确立、习惯的养成，最后到情感的建立，以至成为人的一种本能与需求。

为什么叛逆期的孩子往往难以沟通

现代系统论观念，即任何系统都是由若干相互联系、相互作用、相互依赖的有机整体所组成，且又是依存于更大系统的一个组成部分。系统的重要原理之一，即系统如不能充分地与外界之间交换能量或信息，将逐渐走向无序。人的身心是一个动态平衡且又与外界不断交汇与融合的过程，但其成长过程并非一个简单的线性或比例关系。人的所谓的“叛逆”以及神经质、抑郁症等，都是这种内外关系的不平衡所致。解决方案无非是合理的释放、迁移、抑制等，甚至是用一种“博弈”的方法，以求达到平衡。

孩子的 2~3 岁、7~8 岁、12~18 岁，均是脑发育的快速期，特别是 12 岁以后，身体发育也开始加速而进入青春期。无论是对动机的满足、认知的需求、情绪的释放、情感的平衡都难以和外部世界达到均衡。例如，两三岁孩子的活动能量明显增加，常不满足于现有的空间；而少男、少女却有了性的意识、多元化的追求，对有些问题或是难以启齿或有些自己尚感到有点莫名，但却都存有烦恼。林林总总的因素增加了孩子和父母之间的沟通难度，而家长又时时处处都牵挂与注视着他们的成长。

家长和孩子的冲突呈现多样性，但原因却可以去归纳梳理，寻找缘由或答案。如所谓的从长远利益考量，一切都是为了你好，作为孩子服从的理由；家长的认知被设计成目标，让孩子去实现，甚至是课程选择、兴趣爱好等；用虚假的表扬或物质的诱惑，演变为变相的要求，而不去理会孩子的感受；用自己的阅历、经验，自恃有理且不计效果地反复说教；随意确立标杆、榜样，而较少去认真比较成因、条件、环境甚至参考的价值。最具普遍性的是双方的语境常在不同“频道”，语意又非一种境界，或是逻辑对经验，或是现实对理论，甚至是利益对理想。

所谓孩子的“叛逆期”无论是在反应的程度还是跨越的时间上均有扩大之势。究其原因，社会因素如碎片性的信息量加大、各种诱惑力的增多等；学校因素如师道尊严、奖惩机制的淡化等。但家庭教育还是主因，如孩子在成长过程中，往往赞誉多于批评、顺利多于挫折、任性多于谦卑，特别是放纵多于约束。未成年人一旦约束力失去了应有的作用，在某种程度上都会加剧“叛逆”的强度。

实际上，许多孩子也会不动声色或故意作态地观察与揣摩父母的态度与底线。如果过去的是一种教化与养成的结果，今天开展的则必须是在疏导之中加上“斗勇、斗智、斗法”的博弈。遇到矛盾遵循兵无常势、原则不让，是勇；家长同样需要认真学习、与时俱进，是智；成功的教育还得因势利导、讲究艺术，是法。否则，就会失去孩子快速回归正常与健康成长的机会。

为什么有的孩子会有暴力倾向

暴力倾向是某一类人的特质，遇事倾向于以武力或强势解决问题，以暴制暴。究其原因，如情感上的，情绪控制力弱，以暴力作为一种炫耀，用行动来表达自己的情绪，甚至用他人的痛苦来满足自己的某种快感；观念上的，认为“该打、该骂”，不打骂无以解决问题，不以暴为耻、反以为荣；行为习惯上的，出手、出口时常不受控制，施暴后则又后悔；但关键还是在于教育，如所处的环境、阅读的书籍、玩的游戏，以及对行为的培养、引导与纠正等。暴力倾向的成因有所争议，既由单一成长环境决定，又具有一定的遗传因素。

有一种反社会型人格障碍，又称无情型人格障碍，是一种社会型的病态。其明显的特征如法治观念差、行为举止有一定异常、易受原始欲望驱使、缺乏羞惭感且不吸取教训、攻击力强并具有随机性等。反社会型人格可以通过技术手段进行测试，据统计，在发达国家已占到一定比例，形成了对社会潜在的威胁。多数学者认为，反社会型人格是一种基因缺陷，如对多巴胺不敏感，得用大量、持续性的刺激来平衡自己的快感，但随着年龄的增长多数可以回归正常，有些则需要进行心理或药物治疗。

美国人詹姆斯·法隆是一位事业有成、生活幸福美满的著名神经科学家。他所著的《天生变态狂》一书中揭示了暴力杀人犯的脑扫描与众不同，简言之，“基因会决定人的行为”。同时，他又坦承自己也是这种脑结构，还具有血脉传承的家族暴力史。詹姆斯·法隆有着一个非常幸福的童年，所庆幸的是真正受到良好教育的他，没有顺着先天不足的基因向恶性方向发展。同时作者又告诉我们，“人的内心深处都会隐藏着一丝不为人知的黑暗”，问题就在于你所受到的教育和对此的认知。

凡具有暴力倾向者，一般都以自我为中心，强势且不易听取他人的意见；语言常带偏激或攻击性，好独断专行；易情绪化且变化快，有时好走极端；内心封闭、相对固执、易于郁闷；容易记仇且难以忘怀；等等。暴力倾向可以进行性格测试，亦可通过细心观察发现。上面所举例，并非针对性或面面俱到，只是一种形象的梳理性描述。

中国古代就有“千里之堤，溃于蚁穴”“小不忍则乱大谋”等智慧。西方著名的墨菲定律：如果某件事情有变坏的可能，不管这种可能性有多小，它总会发生。在数学统计中则可以证明，当某事件实验的次数不断增加时，总会在适当的时候发生。上面的叙述都是在说明一个简单的道理，凡暴力倾向必须扼杀在萌芽状态，任何时间、地点都要对其说不，否则总是会有露头的时候；反之，如永不露头，在其人生中也就不存在或失去了这种倾向。

为什么有些孩子也会得抑郁症

抑郁症的核心症状是持久性的情绪低落、兴趣减退，可伴有妄想、幻觉，最为严重的后果是会产生厌世，寻求自伤、自杀。现代社会抑郁症已成了一种新的“三高”，一是“高发病率”，国外调查个体终其一生的患病率高达20%，且三分之一的少年具有抑郁症状，北京有统计是近6%。抑郁症的另一特征是患者的“高自杀率”。据统计，在发达国家已经超过患病者的10%。因而造成整个社会对抑郁症的研究、预防、治疗、监管等呈现出了一种“高负担”。

为什么会有抑郁症？目前相对一致的看法是三大因素：遗传因素，现在大多数观点认为，虽和遗传有一定的相关性，但只是发生的概率相对大一点儿；神经生化因素，如神经递质失调等，故而得用药物治疗；后天心理社会因素，如家庭环境、教育背景、应激性生活事件等。抑郁症是一种悲观人格，认为人生的困难、痛苦很难熬过去，因而丧失了对快乐的体验能力，自我评价也就随之降落，感觉到无能、无用，且无助、无望;呈现出来的特征是自闭、偏执、易激动,思维迟滞、反应慢、记忆力下降等。抑郁症是一种可以看得见，但又不易被看见的病。

抑郁症从短期看好似一种“叛逆”，无非是不听话、不上进、不合群等，但到了中期就可能会有出格行为且变本加厉，甚至肆意妄为，而长期则可能走向反面。人们对抑郁症存在一些错误的认知，如此病不多见，不会发生在我们身上；当下的心情不佳，相信会自然康复；只是性格上的某些原因；孩子处在叛逆期，长大后就会变好等。但多数在认知上的偏差还是觉得心理疾病不算是病,且治疗却是一件“丢人”的事。事实上,抑郁症是一种常见疾病，儿童也会得，而对孩子来说更是一件耽误不起的事情，且抑郁症的临床治愈率也非常之高。

抑郁症如从系统观点上看，是对生理、心理、社会、认知等错综复杂因素的一种抗争。抑郁患者的内心世界支撑不住各种压力，故而最重要且灵验的手段是对其支持性的帮助，如有效的情感交流、取得信任的心意、走进心灵的鼓舞、回归正常的期盼等；其次是带疏通性的引导，从其兴奋点上切入，挖掘哪怕是患者略带一点儿兴趣的载体或手段去培养，特别是音乐、体育均有很好的疏导作用；要重视认知上的提升，设法从消极到积极、悲观到乐观、幻想到现实中的回归；人际关系上的突破也是很重要的手段，要避免或减少冲突，要充分理解患病者比帮助者更为艰难。

在网络上可以查到抑郁症患者健康问答、抑郁自评量表等相关信息，这些都可以让你收集、了解抑郁症的基本情况和概貌，但绝对不能替代医生的诊断，以免耽误治疗。

为什么孩子会有虚荣心和攀比心理

自尊心是人自信、自重、自强中形成的心理品质，同时也是想获得他人、集体、社会对此的认同感，且又懂得如何去自谦、自爱或自豪。人如果自尊心过弱，则会导致自卑感，容易莫名产生自责与愧疚等感受，如继续弱化便是抑郁症。而自尊心过强则容易自满、盲目自大，甚至狂妄。如果在极度的自信与极端的自卑中摇摆，常担心自身的能力或条件等不足，难以实现与满足精神或物质上的需求，于是不择手段，或是刻意或是依赖等去表现和索取，这便是虚荣心。伴随其表现的特征则是攀比心理、嫉妒心理、炫耀心理等。

虚荣心主要表现如下：在物质生活上主要是攀比行为，如在外貌、衣着、用品等，非常在意外界的评价，喜欢去感受他人的羡慕、赞誉，故而不断地去追求更高的标准；在精神层面上，什么事都喜好和自己的脸面、存在感相关联，通过寻找他人的“短板”来进行对照比较，或期盼别人遭受厄运，或采用攻击的方式，用以平衡自己的自尊感，这便是嫉妒心理；在社会生活中，通过夸大、隐匿、编造等手段，用织出的“光环”来满足自己的心理需求，则是一种炫耀心理。虚荣心就手段或载体而言，体现在用权力、金钱、地位、圈子、学识、力量、身世、容貌等各个方面，凸显或证明自己。

虚荣心是一种非常具有普遍性的心理现象，严重的话则属于一种心理疾病。虚荣是人为地去制造带有一定或完全虚假的荣耀来表现自己，且特别容易针对自己不足的地方，让人活在一种看似自信实则自卑的心态之中，而有时仅仅是为了一个面子而活活地去遭罪。虚荣是在制造假象，而真正被蒙骗的还是自己，不但失去了反思的能力、真诚的心态、进取的空间等，还会慢慢出现虚伪、自私、欺诈、贪婪等许多不良的行为。

防范、纠正虚荣心，得从培养人的自尊心入手。自尊心是懂得维护自己的尊严、声誉，也是人最为重要的、追求一定境界的心理诉求，从而形成一种源源不断、自强不息的精神动力。自尊心的培养可先从人的归属感开始，在安全感、存在感之中，让情绪常充满了愉悦，平和的心态易使健康的情感得到提升；随之是认同感，是形成一种对自我价值的判断能力，只有在此基础上才会有人的尊严感。为了使尊严感得以巩固、升华，还必须进一步培养荣誉感，理解自身的价值和更大价值追求的关系，提高追求更高价值的能动性；最后才是责任感，即一种为实现自我价值和更大价值的自觉性，同时也确立正确的人生价值观。

为什么有些孩子经常会说谎

没有事实根据的话，便是谎言。说谎是一个复杂的社会及心理现象，即便去简单地梳理一下关于谎言的成因都会是一件非常繁杂的事情，因为会涉及社会、生理、心理、认知、观念等各种逻辑关系，甚至可以提升到哲学的层面上。但从未说过谎的人肯定是不存在的，而满口谎言的人，不是不可理喻便是令人不齿。如果所处的群体或环境中谎言多了，便会造成“假作真时真亦假”的局面，从而失去人与人之间赖以生存的信用与友爱。成人有时对谎言尚存迷茫，何况孩子。

为便于说明问题，我们以人的心理层面作为相对主因进行一些梳理分类。如善意性的谎言，只是为了讨别人一时的喜欢，这个连幼儿也会；随意性的，如出于礼节或掩饰尴尬；需求性的，如显摆一下自己或为证明某事；无奈性的，想保护一下自己或某人等；恶意性的，如为了牟取私利或攻击他人等；设定目标性的，甚至不认为这是一种谎言；对儿童而言，还有带着童趣般想象性的谎言等。但无论何种谎言都存在说谎时的动机、性质、场所、程度、频率及产生的后果等各种差别。谎言如此多样复杂，说谎对孩子不但有其存在的土壤，还有形成说谎行为及养成说谎习惯的风险。

善意、无意或随意，且不形成后果的，是人生活中的组成部分和一些插曲，告诉孩子应有讲究且有度；故意、频发性的，又会影响到他人情绪，或有碍于自己进步的，则属于不良行为，应该随时加以引导；而恶意、刻意且损人利己的，则应视作道德品行范畴，必须进行制止与纠正。特别重要的是营造一个没有或少有谎言的成长环境，让孩子在真诚、善意中去体会没有谎言的认同与幸福感，或有了谎言后的不安和羞耻感。

孩子在说谎时会有各种心理变化，并引发表情的不自然或举止不安等，这些举动可用来判断其是否在说谎。如为了继续说谎，人会想方设法去寻找解释的理由、平衡情绪的方法，以掩饰内心的恐惧或不安，久而久之，理由成“真”、情绪平复，习惯亦会成自然，甚至可以做到说谎后，脸不改色心不乱跳。谎言是离开或偏离了事情的真实性，故而说一个谎，往往就需要用更多个谎言来填补其漏洞，而这些话不是欠逻辑便是在使奸诈，长此以往，会影响孩子的智力发展。

刻意训练说谎这种特质仅仅是为了开展特殊性工作的需要，而对于一个在正常环境中生活的人，则是非常不好的情感与习惯，会逐渐丧失道德感、约束力、羞耻心等。道德感对个人而言不仅是品质、素养，而且是一种无形的力量;约束力实际就是前进的动力;害羞是人类所特有的、本能的一种美感，人过于胆大容易妄为、厚颜则会无耻。

为什么学习一点儿课程理论会对学习帮助很大

人类传授知识的主要途径是以课程的形式。课程是用特定的思想与观念将一定数量的相关知识按某种结构有效地组织起来，以一定的要求和规范实施，并有相应的检测与评价标准。故而不同的思想观念指导下，便会形成不同的课程标准与体系；而用不同的课程体系组织与实施教学，便会有不同的结果，甚至会产生很大的差别。

20 世纪 70 年代，美国有一群改革的激情者，他们批判性地设计好一套课程，定名为统一现代数学，志在对当时的数学教育进行一场根本性的革命，想改变数学教学中的许多弊端。该方案不但改变了数学教学的内涵、结构、体系，甚至改变了教育理念，但阻力却是巨大的。改革可能会影响到不少教师所学的专业或许是饭碗，还有许多家长的脸面，关键是在挑战数学教育界的权威。新教材仅仅是对数学所下的一些定义就让受传统数学教育的教师与家长们有些摸不着头脑。改革肯定是失败了，这说明一门课程体系的形成受到历史、现状、认知、社会、哲学等诸多因素的影响。改革者坚持认为，数学课程会影响到整个人类的思维方法。

课程中比较有代表性的还是中小学的数学，其并非算术、几何、代数等相关知识的简单拼合。例如，目前数学内容大多是以演绎、分析的思维方式为主，故必须考虑到如何去加强归纳、综合性思维。又如，数学众多的知识以必然性思考为主体时，如何能培养好偶然性等思维方式。课程知识在推进过程中是偏重于知识演绎的自然性，或是强化知识结构的逻辑性，还是更方便于提升学生的认知能力等，这些都非常值得考量，也是很难统一认识的问题。

学校课程的开设与建设是一件很复杂的事情。首先要论证与设计一个提纲挈领式的指导性文件，即教学大纲。大纲除有明确的教育指导思想外，还有教学目标；同时规定了课程应该达到的教学要求，总而言之，就是通过教育实施，学生产生何种变化的具体描述。教学大纲是对该门课程关于目的、要求、内容、实施原则、评价标准等做出的规范性要求，而课本、教材只是对上述要求与内容的一种具体呈现，故同样的大纲可以有不同的教材。所以即便有了好的大纲，未见得就能编出好的教材，况且一个好大纲的产生都是非常不易的。所以学习前最好能先去了解一下课程大纲，大纲才是该门课程的关键。

有了大纲与教材，如何教便成了关键。现代的教学原则基本都是以学生为主体、教师为主导，即一切的教学活动与内容都要为学生的认知能力提升服务,但实施起来却颇具争议。如课堂上是细嚼慢咽、字斟句酌的形象化教学，还是精心设计框架、留下余地地进行抽象化布局？教学中是常让其顺利过关，在愉快中学习，还是多处设障，不断培养学生知难而进的意志？在学业评判与学习成绩统计上是一片优秀，难见高低，还是呈正态分布，形成区分？故而“教学有法，法无定法”，理解与读懂教师或家长的教育，都得学一点儿教学论和课程论。

为什么现代学习更关注认知方法和认知迭代

在普通心理学里，认知是作为三大心理现象之一而存在的，即认知、情感、意志。当代强调的认知，大多是指一个获取信息（如感觉、知觉），调取存储信息（如检索、记忆），加工信息（如概念形成、逻辑推理、程序演算等），最后转换成内在的心理活动，或付诸行动的全过程；同时也是人的一系列能力运用或发展的过程。认知能力出现障碍则是指这个过程中的某些程序或某个环节出现了问题，故而形成了认知的康复治疗与训练。现代认知科学则是探究人脑和心智工作机制的科学，从这个角度剖析问题，人的认知或思维也可以理解为和计算机一样，是一种算法；问题是如何去定义、构建、理解甚至测量与评价这种算法。

传统的学习方法常常被誉为勤奋加上刻苦，即一个对知识大量积累的过程；并依靠知识积累的过程去探索或自然地形成学习方法。常被推荐的，如举一反三、由此及彼、触类旁通、见微知著等，这些方法太具描述性，其实大多用的基本还是类比、类推、归纳等方法。在用大量时间学习解题时，如未知与已知的变更或互换、证明条件的设障或埋伏、推导程序的转换或演变、设置问题的综合或复合等，基本逻辑模式与思维方式均由人为事先设计好，教师只是传授、梳理、点拨，学生则是练习、贯通、发挥。

当前对许多课程或知识的教授与学习，并未进入认知，即是一种算法的研究。如数学是一门处处见思想的知识门类，逻辑仅仅是其特色；而历史却充满了逻辑和推理，绝非单纯的一堆历史知识；音乐同样是一种语言，只是可以作为开展艺术教育的手段而已。这些认识的改变则关系到如何重新构建知识体系，去针对性地、有目标地培养人的认知方法，即对信息形成的科学加工方法。

实际上每个人都已建立了自己的认知模式和思维方式，只是难以自我理解与评判。智商测试大多是以结果为主，人格测试多数是将人划分为若干个有一定区分度的格，让你去对照。上述这些方法都是让我们在一定程度上解读自己。

只有通过改变学习方法才能进行认知迭代，迭代是一个逼近、逐渐取代、改变的过程。例如思维中习惯于案例分析，情感上会非常在意典型案例，并收集理论佐证以此评判。只有学习并应用了抽样调查，用统计来论证问题，进一步用概率分布来思考，并认同了非确定性的存在，才会淡化案例的唯一使用；而进入大数据处理，则是用数据聚类形成问题，提高维度进行思考，以算法形成结论。同样对某些事件剖析，可从印象评判到建评估体系进行水平评估再到建数学模型量化分析，如对文章进行解读，则可从词句分析到词频统计再到建模分析。

为什么现代纵深发展的意义大于横向发展

人类社会发展到一个极为重要的时期，即信息化时代的到来，其影响之深远，可能会让人的情感、思维、认知发生根本性的变化。如通信技术的发展与手机使用的普及，恐再难形成“家书抵万金”诸如此类的情感；网络的互联则不必都采用“读书破万卷”的思维方式；而 AlphaGo 等人工智能的出现，则说明围棋的博弈也并非一定用传统的认知模式。

教育的基本模式是在以传授知识为主导的过程中，去探索概念的建立、逻辑的打造、能力的培养、智力的提升等，而信息是如何在人脑中形成检索、存储、算法，还不得而知。故而在现实中通过读书获取知识的主体未变，横向发展的模式未变，强调一定知识结构的重心也未变。如文科学习就得有一定量的精读与泛读，理科强调的是理论体系，工科则注重专业结构。

现代社会信息的获取非常便捷，为快餐学习、继续学习、终身学习提供了更多的方便与比较优势。信息趋向于对称化，教育已不将获取知识作为单一的目标，而是设法在人脑中构建一个信息加工的技术方法，即形成一种算法、一种思维方法、一种认知模式，不但高效且能被自己所理解。例如在语文学习中的例文范本、名言警句，该记多少、背多少就得有讲究、重效率，其目标除理解作品的美感意境与思想深度外，还能高效形成对文字的表达与加工能力，如字词的编码技术、章句的逻辑结构等。

人可以明白自己的思考、意识，即在想什么，但无法解读意识的形成过程、思维的方式、情感的归因。情感是人对客观事物是否满足自己需要而产生的态度体验，并形成动机，因而情感就左右或决定了人的思维。思维是对客观事物间接的概括性反应，是认识的理性阶段，并借助多样性的语言工具，如母语、外语、计算机、音乐、工程，以及认知模式来共同完成。认知则是利用概念判断、逻辑推理、模式演绎、程序加工、知识架构等来诠释与解读。

纵向的意义在于反其道而行之，通过知识的学习，去模拟与构建认知模式，且理解模式的逻辑、功能、优劣等；从认知去解读与提升思维方法，明白其规律、运行、状态等；从思维上再去理解情感及其归因，即遗传、形成、特色等。这也是对哲学反思的纵深理解与实践过程，而反思则是人真正读懂自己的关键。

计算机技术和人工智能的发展，让我们可以从另外一个视角看到信息的加工过程，解读机器如何在学习，特别是现代深度学习是从传统的线性的、演绎逻辑为主的学习模式，进入一个多维度、多层次的神经网络结构体系，从而清晰解读到知识可以存在另一种更为合理的结构方式。有了层次，才能剖析到知识网络层次的各个层面，并设法去突破与构建这个层次下的逻辑关系，理解如何在逻辑结构中去寻找解决问题的技术手段和算法，这本身也是一个向纵深挖掘的过程。

第三部分 育儿逻辑思维技术化

3

育儿逻辑思维技术化涉及哲学、教育学、心理学、数学、文学、语言学、历史学、人工智能与计算机科学、系统科学等方面的知识，其目的是为了更全面、更深刻地认识人的思维。（针对 11~15 岁）

社会信息化对称的定义

爷爷：我们一家已经连续几代人都能切准时代的脉搏，跟上社会前进的步伐。逍鲲已长大，大家是否能为他的学习生涯先行把脉一下。

爸爸：我们最关键的是要理解，现代社会是一个信息社会，其最大的特点是信息快速走向对称化。千万别小看了这个对称化，它会带来社会一系列的重大变革。

妈妈：你所说的信息对称，是不是针对市场经济活动中的各方？

爸爸：我主要针对的是社会化的信息对称，泛指信息占有者和渴望获取者之间的对称关系。

奶奶：信息的对称化可能对教育的意义更大，不但会影响甚至会改变现存的教育理念、教育模式和教育方法，同时还关系到人的思维模式、情感与价值判断。现在用人单位也不完全相信传统教育的学业评定方法，其信度与效度都有待于提高。在高端人才的录用上，都已普遍采用人才的测评技术，在剖析人的思维方式和价值判断。

妈妈：我曾参与某些单位的人才测评与人才盘点的数据分析工作，作为外行打个比方，测评好像在进行一次员工的“脑检”工作。

奶奶：别小看这个“脑检”工作，今后会逐步常态化，除非现行的考试和人的评价方式有重大改变。

爸爸：其实我们搞人工智能的特别是从事深度学习方法研究的人都会有深刻的体会，机器已经具备了智能，同时以此模式在探究人。

爷爷：从哲学的角度上理解，思维可以技术化，人工智能技术将会引起思维科学的重大革命与突破。

爸爸：从刚才大家的讨论，可以归纳出三个方面的问题：一、信息走向对称化，将会引起教育革命；二、人工智能的发展，会对人的智力进行挑战；三、人的测评、一种“脑检”技术的应用，让人有了读懂自己的途径和工具。

社会信息化不对称的学习方式

道鲲：爷爷，昨天你们的讨论，说到信息对称化，奶奶又说在教育上的意义特别重大，这些我都不是很理解。

爷爷：人的学习如果简单地理解，是对信息的获取，其实更重要的还是获取后的信息加工。在信息不对称时代，获取信息就显得尤为重要。比如在古希腊，一代先贤苏格拉底并没有著作，只是由他的弟子柏拉图以对话的形式记录了他的思想。同时期，在古印度的释迦牟尼同样没有著作，最著名的《金刚经》实际上是由大弟子复述、众弟子共议而成。同一时期还有中国的孔子，其言论集《论语》也是由弟子与再传弟子们所记录。在这个问题的处理上，中西方文化高度一致。

道鲲：我终于弄明白了，为何孙悟空叫唐僧为师父。

爷爷：古代有句话叫“一日为师，终身为父”。在信息不对称时代，传授知识被提升到父亲的职责高度。所以在古代，即便是在深山老林，只要有知识，学生都会慕名前往。这也反映了为何在信息不对称时代的教育，老师的严酷和学生的刻苦同时并存。

道鲲：有了正规学校以后，是不是信息就可以认为对称了呢?

爷爷：并非如此，近代又有句话叫“大学之大，在大师”。这句话其实就反映了信息还远没有完全对称。大学的师资队伍、实验室设施、图书馆藏书等成为校际信息占有量的一种衡量标准，特别是不少教师把信息量的占有作为一种竞争的资本。

道鲲：原来如此，怪不得社会上考名校、傍导师变成了竞争的手段。

爷爷：只有人工智能、互联网和摩课出现，信息才开始迈向信息对称化之路。摩课是一种网络公开课，不少名校用最优秀的团队去打造最优秀的课程，其目的是让社会看到或承认它的优秀。

道鲲：这下可好了，我们坐在家里就可以看到世界上最优秀的课程。

爷爷:问题并非这么简单，相关问题还得请奶奶帮忙，她才能说得比较清楚。

社会信息对称存在的问题

奶奶：关于信息对称的问题，应该给孩子一个相对正确的观点和思想方法，从而让他更好地适应这个时代。

爸爸:在信息不对称时代,人们过于强调知识的积累,如“读书破万卷”“书山有路勤为径”“知识就是力量”等。现代则注重于信息的加工技术、学习的效率和有效性。

奶奶：实际上，一些先贤和哲人在当时就对此有比较清晰的认识。“知识就是力量”出自1620年弗朗西斯·培根的《新工具》一书，但后半句是“但更重要的是运用知识的技能”。近代哲学家罗素甚至说：“人生而无知，但还不愚蠢，是教育才让他们变蠢。”社会上的不当教育对人的成长是存在一定危害性的。

爷爷：早在1864年，晚清重臣李鸿章就意识到这一点。他在写给恭亲王的信中说：“中国士大夫沉浸于章句小楷之积习，以致用非所学，学非所用。”

妈妈：上述这种人，一生只是伴随知识；学通了一点儿，则会玩弄知识；信息对称化后，很容易大量接受碎片化的知识，好多人就是在游戏知识了。

爸爸：当前信息量增加的速度远比人理解的速度要快。过载的数据会把重要的信息给隐蔽起来，也就影响到正常的数据加工，甚至麻痹人的分析能力。

奶奶：信息会影响到人的情感，过量的信息容易造成认知和情感的分离。当一种情感强烈到压制其他的正常情感，即对某种过量的外界刺激产生依赖性，这便是成“瘾”，古人都知道这属于病。最严重时认知与情感产生分离，思考不合社会常态，行为则不按常理出牌，斯德哥尔摩综合征实际上就是情感和认知的严重分离。

妈妈：计算机是单一的信息加工，而人是受情感参与或左右的信息加工。在当前的信息化时代，加强情感教育就显得尤为重要。

Does
ABC
where?
-ing
who?
am
is
are
Past
verbs
don't
at
on
Do
Did
-s
Did
Do
am
is
are

情感教育是最有效的方式

奶奶：人的情感教育最有效的是语言。语言是用于思考与沟通的工具，语言也是形成人思维模式和情感体验的载体。

妈妈：人出生首先听到的其实是妈妈那种带有音乐性的呢喃细语，获得的是情感上的安抚，也是一种沟通，随后才去学习用于交流的自然语言，即所谓的母语。而数学是开始系统性地学习逻辑语言，计算机语言则是为了解决人与计算机之间的对话。我们好像将顺序弄颠倒了。

爸爸：每种语言都有其非常强的逻辑性，只是我们常忽视了对它的理解与梳理。逻辑是思维和判断有效性的规律和准则，实际就是人的智慧。用现代深度学习的观点，逻辑是人脑在信息加工中具有显性意识的一种"算法"，而情感是带有隐性的。

奶奶：从心理学和学习理论的观点看，人的学习方法、认知模式、知识结构、思维方式都存在复杂的关联度。

爸爸：对计算机而言，有什么样的数据结构就会有什么样的算法；对人则具有何种知识结构就会有相应的思维模式；而在认知中形成的逻辑就会在已构建的知识体系被"封装"后，留下与之关联的"接口"。从某种意义上看，接口也是人的一种情感，往往左右着思维方法，故语言就成为逻辑与情感培养的载体，不知这个理解对否？

奶奶：从语言学上区分，英语是屈折语与综合语，而汉语则属孤立语与分析语；从思维上分，前者偏发散性、重逻辑性，而汉语则偏内敛性、重意境美。计算机语言是客体性、对象性语言，表达重指令与执行，带有祈使句的情感；而音乐语言则是主体性、情感性语言，表达重结构与关系，带有感叹句的情感。语言影响着人的思维和情感。

爸爸：情感又影响着价值判断，也主导了人的思维模式，以及知识被封装后对外留下的接口。所以孩子早期要加强的是音乐教育，而不是计算机教育，其实形式性的语言更容易学习。

奶奶：情感的培养是输入性的，只存在"有"，否则就是"盲区"，错失的永远不会再有。音乐实际是人生不能缺失的一种情感性语言。

π=3,141
2×2=4
I=U/R
F=ma
C3H8O3
2×2=4
3×7=21
H2O
2+5=7
E=mc2
1/x=x-1
3×7=21
H2O
2+5=7
C3H8O3

信息对称时代学习的方式

道鲲：为何上次爷爷说，信息对称了，问题却复杂了？

奶奶：爷爷说的问题是相对的。信息化时代，确实给我们带来了极大的便利，但任何事情都有其两面性。

道鲲：是不是信息不足会让人产生不便与渴望，过量又会形成一些负面，甚至是让信息给“中毒”了？

奶奶：可以这么理解，但我们要将有利的一面扩大，不利的一面减小。

道鲲：那我又该如何做呢？

奶奶：孩子，更重要的是我们家长该如何去做。全家都要想方设法让你在兴趣之中去接受各种有价值的信息，从而产生对知识的正确理解和对科学的热爱。一个人的童年往往有可能决定他的一生。

道鲲：我非常感谢全家人，但总不能让你们老抱着我长大啊。

奶奶：我们的任务仅仅是让你在学习中养成独立思考的能力与习惯。进入中学就应该自觉以思维能力训练为主，懂得对知识结构的逻辑梳理，理解如何去构建知识、加工信息，特别是现代深度学习，人的智慧在逻辑；到了大学则应该是格局的提升，能够自我认知，懂得人生的价值与追求，人的成功在于格局。

道鲲：有些道理虽然还不是太明白，但我有一个感觉，在信息时代，学习已不再是简单的知识积累了。

奶奶：对，说得太好了。人的学习与认知过程会引起情感的形成与变化，从而影响到人的价值判断与行为动机，信息量越大，影响度也就越大，反之亦然。认知和情感会因在成长过程中的“多”或“少”，而造成人生的某些缺失。如少童话，缺梦想；少英雄，缺壮举；少悲剧，缺同情；少喜剧，缺幽默；少艺术，缺浪漫；少理想，缺信仰；等等。

道鲲：如果有了缺失会对人造成什么影响呢？

奶奶：会形成很多盲区，在缺失的后面，大多被填补的往往只是功利和自私。情感会左右人的思维，而人的情感形成之路，有人做了这样一种描述或比喻：用敬畏和尊重喂大的孩子，自然通达人性和具有善心；用文学与诗歌喂大的孩子，自然有格局和胸怀；用音乐和艺术喂大的孩子，自然多灵性或浪漫；用劳作与绘画喂大的孩子，自然拥有巧手或创造力；用体育或舞蹈喂大的孩子，自然肢体协调、懂得吃苦和具有团队协作能力。

逍鲲：奶奶，我知道了，为什么你们会以上面的各种标准与载体来培养与要求我。

逻辑思维是启蒙学习的有效方式

奶奶：今天我们在一起讨论一下关于音乐的逻辑。音乐首先是一种语言，并有其逻辑性，当形成了表达的技术后，才具有了艺术性。

爸爸：音乐语言是通过时空两个维度并采用多样形式的一种表达方式。人的听觉对音的强弱、时值、高低，特别是对音色有极强的敏感性，辨识度可达到数以万计。

奶奶：所以在长期的生活实践中形成了不同的表达方式、情感寄托、审美情趣和逻辑思维模式。自然语言表达只能在一个时间维度上，故一般都采用先后顺序来进行叙述。

爸爸：音乐则用极其简单的代码（音符）驾驭时间和空间两个维度，编制着丰富的关系与结构逻辑，用人天性所具有的或情感追求的，如律动、平衡、和谐、对称、交织、变换、起伏、撞击等感觉，产生共鸣、启发激情。

爷爷：人创造的原动力实际上就是来自激情，没有激情就没有创造。

爸爸：音乐用五度相生律，在时间维度上追求动感中的平衡；用纯律在空间轴上编织着音的交响与和谐；而在时空两个维度中，则用十二平均律去创造无限的韵律和辉煌。音乐是对一种多维思维方式的理解与养成。

爷爷：音乐技术实际是凝结了制琴匠的智慧与工匠精神、作曲家的无限遐想与构思、演奏者超常的刻苦与追求，三者经磨合而形成的。技术往往是从一个细小的动作到一种方法、一种技能、一种技巧、一种思辨，其无一不需要千锤百炼、专心致志。

奶奶：音乐技术是表达音乐语言性和逻辑性的一种手段，更是将音乐提升到具有艺术性的基石和必由之路。

逍鲲：音乐是不是走到了“艺术”，才成为大家热爱的一个瑰宝，被我们崇拜、敬仰？但若没有语言、逻辑、技术，也无法到达艺术空间。

奶奶：说得太好了。

DATA

深度学习的定义

爸爸：为了更好地掌握现代深度学习技术和促进个体认知的改变，还是应该理解好传统的学习方法。

妈妈：传统的学习方法，狭义上一般都理解为，通过相关的行为去获取信息；广义上，可以认为是因经验的积累而产生的行为和思维，甚至是情感的持久性改变。

奶奶：传统学习理论建立在实验、模拟、案例分析、跟踪调查等手段的基础上，经归纳分析和数据统计等方法，学习注重印痕、刺激、模仿、练习、强化等方式，整体上，属于黑箱方法，同时也产生了许多经典性的教育经验、模式、格言、理论。可以说卓有成效。

爷爷：传统学习方法重视知识的积累、经验的总结，偏重于打造知识结构。为了传授知识的方便和人的职业生涯发展，常人为地将知识进行切割与构建，故形成了知识的各种门类、学科、专业、课程，同时也产生了权威、范例、经典，甚至是知识的壁垒，而现代的 STEAM 课程则又是在设法打破这种壁垒。

奶奶：在学习理论上最具影响力的是联结学习理论和认知学习理论。前者是探索外界刺激和人各种反应之间的连接，属联想主义、行为学派，强调后天的学习、反复的训练及其强化所形成的作用。后者强调的是，人的认知不是被动的，而是主动地在头脑中构建一种认知结构，主要通过感悟、顿悟和理解；学习过程是依赖原有的认知结构和当前接受的刺激，强调经验和行为的整体性以及演绎逻辑推理。

妈妈：在培养目标上提倡人横向的全面发展，如中国古代“礼、乐、射、御、书、数”的君子六艺，打造文人儒雅和素养的琴棋书画，现代的德智体美等等，都是用来衡量一个人的各种能力的标准。而现代应该同时提倡人的知识、能力、思维、情感的纵深发展。

爸爸：这实际上是一个从信息高度不对称、知识积累为主的学习年代，迈入现代信息社会，面临的是学习方法的改变，以及需要进行认知迭代的时代。

CMS
HTML
PHP
CSS

STEAM 课程的意义

奶奶:无论是传统的知识积累，还是现代的信息加工，都离不开教学目标、载体和技术，其核心往往还是课程。

妈妈:现在学校教研活动都很重视从课程理论来分析，如何去设计、构建，特别是信息传递的载体与思维能力培养的模式。

奶奶：课程除了要有科学的、先进的、相对完备的教学理念、实施目标、评价标准、教学设施外，课程知识的内涵、结构、教学模式也显得尤为重要。根据课程设置的原则和遵循的依据，课程设置的方法有：立足于知识自身体系且追求严密的逻辑框架；或有利于知识与概念传授的结构框架；依据知识体系演绎推进的自然框架；根据某种知识结构与能力培养要求而打造的特色框架。当然还有其他的观点与方法，但绝不是知识点的简单组合与拼装。

爷爷：语文大多以作品的形式出现，而淡化了逻辑；数学以逻辑的形式出现，且又过于强调分析与演绎，从而淡化了归纳与综合、实践与应用。理、化、生同样强调了各自的知识体系，淡化了渗透、融合，故又去开设 STEAM 课程。

爸爸：同样，音乐过于强调技术，实际上是淡化了语言性和逻辑性。如果用神经网络的知识结构来看汉语和音乐，它们都有一个相对完备而和谐的逻辑体系，需要我们去认真归纳与梳理。

妈妈：下次很想听到你关于这方面比较完整的见解。

逍鲲：那什么又是 STEAM 课程呢?

爸爸：科学、技术、工程、艺术、数学，五个英语单词的首字母组成 STEAM，指的是一种知识或思想方法的融合性课程，重视创新能力的培养。

妈妈：其实，每门课都有其深刻的逻辑与哲理。数学教育就有三个层次："思想"，是永远停留在脑海中的意识，即本能地应用数学逻辑进行思维；"意义"，是懂得并能够运用数学方法和数学工具解决各种具体问题；"方法"，只是用学到的数学知识与方法去解题，以及常识性的应用。

奶奶：任何学习，若丢失了一个知识结构的核心"思想"，就等于失去了知识最为本质的东西。

<HTML>

机器学习语言的意义

爷爷：我们讨论了很多关于信息的加工技术，如何让大家都对此有一个比较深刻的认识与理解，现在是否可以深入讨论一下？

爸爸：最近我一直在从事这方面的研究，此问题可以从机器学习进入，从机器学习的原理去理解信息加工的技术与过程。

妈妈：我们可以通过对机器学习的模拟，帮助理解人的学习机制与原理，对于非专业人士，关键还是借此帮助提升人的逻辑思维能力。

逍鲲：人制造了机器人，现在又想通过机器人来理解人是如何学习的。

爸爸：简单可以这么理解。机器学习的本质是利用计算机对数据的统计分析去估计复杂函数，而复杂函数又是用来描述问题，解决了问题就可以去认识事物的规律。机器学习的基本方法是，用事先设计好的方案和使用确定性的程序，去解决难以解决的问题。

爷爷：从认知科学和哲学的角度来看，是我们通过对机器学习的认识，提高人类对自身“智”背后原理的一种剖析与解读。哲学近代发展到技术化的意义也正在于此。

妈妈：那么我现在的理解是，计算机所谓的“智”，关键在于逻辑和运算。所以对计算机智能的解读体现在解决问题的技术方法和手段上，也就是解释与剖析如何对相关数据进行技术加工。

爸爸：对，基本思想正是如此。比如防止与纠正错误可以是一种技术方法，而各种棋手在博弈中，需要记住“定式”的目的主要是用于防错，同样也是技术手段。而对大数据的挖掘，都是按照某种算法使数据能快速地聚类。计算机运算是一个不断发现规律的过程，通过快速反复计算，在算法的程序中不断抛弃“败家”。

爷爷：看来，在计算机世界同样也存在一个真实意义上的“一将功成万骨枯”。

奶奶：计算机不断试错、弃错，但不重复犯错；人成熟后，不断防错、避错，在情感驱动下，却会重复犯错。无论是哲学、教育学、心理学，现在最难以探索的就是在人意识前的信息加工原理，如何寻找到提升理性思维，即技术化的手段与方法，使人勇于试错，又能减少重复犯错。

爸爸：计算机应用的是对象语言、元语言、元元语言，对问题分层次地进行描述，不仅是为了防止出现描述的逻辑混乱而产生的错误与悖论，其实也是在帮助我们探索问题归源的思想方法。

爷爷：科学质疑、批判思维、问题溯源是哲学最基本的思想方法。

逍鲲："溯源"是不是我们常说的"打破砂锅问到底"？

爸爸：思想方法是对的，但是还有技术方法，否则将无法进行下去。

监督学习与无监督学习的意义

逍鲲：总听你们在说监督学习和无监督学习，因为我还不够自觉，肯定是属于“监督”的那一类吧。

奶奶：如果从思维习惯来理解，你应该是最少被监督的。因为在你的思维中，更多的是在不断地试错、纠错，而我们往往却是在不断防错、避错。

妈妈：所以教育的真谛是培养兴趣，鼓励“试错”的爱好和勇气，可以开启人的创造力。

逍鲲：这个“试错”应该常常是充满幻想，甚至异想天开，但更要勇于试验、亲自动手，对不对？当然绝对不能干坏事。

爸爸：说得很好。要理解监督学习最有代表性的是利用一组被打上“标签”的数据，就是人为地给定数据某些属性，其目的是想从数据集合的样本中去获取经验或模型，并设法从中预测或梳理出正确的答案。

妈妈：从数学意义上理解，是学习与寻找从输入到输出的相互“对应”关系，然后将这种对应关系应用到未知数据中，以利于对数据进行分类或分析，并形成算法。

奶奶：从传统学习方法上理解，是信息被获取后构建成了概念、知识模块与知识结构，同时在知识积累的过程中又形成了认知模式、思维习惯，随之而产生了一定的制约或“监督”，即信息在加工时带有原先已经形成的加工程序和模式。

爷爷：我们常借用的学习方法，如举一反三、触类旁通、由此及彼等，这里的“一”“类”“此”，指的都是“原先”被赋值，即打上的标签，因而产生对“后来”的影响，这也可理解为一种监督。

奶奶：从思维上理解，就是在进行思考时有原先形成的趣味、认知、经验、习惯的束缚，特别是在情感上的。据统计，人一生最多只有 10% 的事是不可控的，而 90% 以上都取决于当事者的心态，即存在有被控的部分，而当事者大多都不会理解到，是因何而被“监督”。

爸爸：按照某种模式的学习、遵循固定套路的求解、依据一定规则的探索、任凭习惯性感觉的思维、寻求解答于必然之中的思考等，都属于监督学习之列。

妈妈：数学中应用分析与演绎逻辑解题大多也属于监督学习。

爷爷：所以传统的学习方法会影响到创新思维。其实对学习与认知都可以上升到哲学层面思考，这样更有利于认识问题，我们明天再继续讨论。

打标签学习方式的弊端

爷爷:在哲学上,形而上学是从主观意识去认识客观世界的一种思想方法。人在认知某件事物前已有一定的“形”，即许多意识被贴上的“标签”、已形成的认知模式、积累的学习方法等。形而上学大多都是在已存在的思维方式中去理解、加工所谓客观世界的那个“形”的相关信息，只有极少数才会去打破或重构原有思维中的“形”，完全去换一种新的“算法”，即认知模式。

奶奶：人习惯于用自己的感觉去看世界，究其原因是思维方式被“情感”的惯性“监督”了。其实真正能用“形而上学”的方法论看世界也并不容易，这也是古希腊哲学家亚里士多德留下的，命题逻辑之“真”与谓词逻辑之“是”，这两个永恒的、值得探讨的逻辑真理。

爸爸:人的认知过程和思维方式其实很容易被“封装”起来，仅留下若干“情感”的接口，即有选择性地接受信息和进行思维。所以要在思维上走出惯性，只有从网络知识结构与数据加工技术入手，扩大信息接口、采用并行加工、习惯逻辑梳理、懂得归约技术、增加“试错、容错”情感、容忍“或然、似然”结果等，直到理解自己的思维模式和懂得应用思维技术化的手段。

逍鲲：那什么又是“或然、似然”的结果呢?

妈妈：这是针对必然性而言。在数学以演绎方法为主的学习中，由于过多运用必然性、确定性的结论和思维，会造成一定对相关性、模糊性、偶然性、不确定性结论的不良习惯。

爸爸：从监督学习中的技术方法入手，探索在某些知识领域进入无监督或半无监督学习，这也是一个剖析与梳理逻辑、理解与运用信息是如何被加工的过程。

奶奶：如站在上述视角，仅从人的日常语言中就可以进行最为基本的学习与思维方法诊断；反之，语言表达也是一个重要的训练思维能力的手段与载体。要敢于表达、善于表达，主动去实践一些具有逻辑性的表达；要言之有“物”，注意表达的条理性和简约性，特别是一致性，即逻辑的自洽。

爸爸：通俗地说，无监督学习，大多是尝试在不需要人为注释的样本分布中抽取信息。概念是数据或信息经推理、归纳，并被不断强化的结果，一旦形成认知模式后，有些信息就会直接被加工成概念。无监督学习就是要学会不断地打破和重建、提升已形成的概念。

信息加工中的逻辑与思维

奶奶：我们讨论了许多现代信息社会关于信息加工的问题，是否再梳理一下它的关键点？

爸爸：现代信息加工技术的关键在于逻辑和算法，而逻辑又是解决一切问题的思想工具和技术基础。逻辑是思维和论证有效性的规范和准则，反映了思维和客观世界的规律性，以及两者之间的协同性。

爷爷：逻辑一旦形成并被认同后，才能让所有的表达、论证更具规范性、简约性，特别是完备性、一致性，而后者可以是评判一个人逻辑思维能力的标尺。

奶奶：实际上逻辑就是人类的智慧。思维失去了逻辑驾驭，必然是一团乱麻；而语言失去了逻辑支撑，则是一堆废话。有许多逻辑是在个体的学习、认知中，经自己梳理、总结而形成的，但有不少偏于情感性逻辑。

爸爸：近代社会大多数的逻辑知识则是经过系统的学习，如形式逻辑、数理逻辑等。现代则可以利用深度学习技术，大幅度地提高与拓展人的逻辑能力，特别是技术逻辑的理解与应用。

爷爷：最普遍的逻辑，也就是反映事物、对象最为本质的，是存在于基本"形式"上的逻辑。形式逻辑依靠建立起来的概念、判断、推理来反映事物的性质，让思维的内容和思维的形式相统一。形式逻辑虽然是逻辑的基础，但是对于其三大基本定律：同一律、矛盾律、排中律，并非学过的人都能掌握好。

爸爸：例如在貌似"同一"事物中，就可能有不同的关系、结构、模式，从某个角度或层次上看，可能只是一个同态、同形或者是同构体。在汉语的使用中，"顾名思义、望文生义"就很普遍。同一律过去只强调在"同一"个立场或空间，实际上还需要有"同一"的逻辑与"语言"。

妈妈：思考问题时，对象不在一个逻辑体系中，便容易形成悖论。

爷爷：如果没有更多的逻辑知识支撑，人很难理解比较复杂的悖论。

奶奶：缺少逻辑支撑，替代的就会是情感"接口"，往往出现选择性的重复，或选择性的失明、失聪，俗话说的“用屁股指挥脑袋”，严重时，也可以理解为是一种认知和逻辑、认知和情感相分离。

逍鲲：什么是选择性的失明、失聪？

奶奶：对不喜欢的东西视而不见、听而不闻，实际上是人无意识地慢慢失去了理性。

语言逻辑与思辨

奶奶：任何语言都有自己的逻辑。在现在使用的各种语言中，大多数人并没有刻意地去诠释与梳理逻辑，所以语言逻辑只能是在个人的应用与理解过程中自然形成。

爷爷：汉语是一种造字，重客观、道法自然，形成了表形、表音、表意合为一体的孤立语。汉语在表达时重内涵、重意境、重美感，故思维方法上就具有内敛性，也必然形成了文字博大精深的特征。中文的语法以词序与虚词表达为主，词无形态变化，故是一种以演绎性逻辑思维为主的分析语。汉字逻辑最精妙无双的是会意字，可惜因重视不够而丢失了很多逻辑的内涵。

妈妈：英语是符号文字，构词多缀，发散性思维。英语语法以形态为主，表达有数、性、格、时态、语态等，词序灵活，所以是综合语，也是屈折语。英语表达重功能、重实证、重结论、重客观，故在思维方法上更偏重逻辑性。

爸爸：计算机语言是将思维方法、技术手段、描述对象相分离，而只关注对象与结论，属一种客体性语言。计算机语言采用数据与指令，重执行过程与表达模式，不断寻求各种逻辑关系，属形式性思维；而符号系统、指令性语言又和自然语言中的祈使句相似，具有命令式情感。

逍鲲：我知道了，音乐语言是思维方法、技术手段、描写对象三位一体的情感性、主体性语言。

奶奶：任何语言的大量使用都会影响到人的认知模式与思维方法，认知模式如单一化且被“封装”后，情感则会起到更为强烈或主导性的作用。

妈妈：数学逻辑已被提升到建立一种语言体系的思想高度。其基本思想是构建一个或几个主题或者对象，寻找若干个思想方法，并在逻辑上形成具有一致性的语言分析体系。例如以函数、映射、关系等为主要研究对象，以极限为基本思想，围绕微分、积分、级数等主题展开，实际上就是在一个被扩大了的函数范围内建立语言体系和分析方法。

爸爸：一套逻辑方法，被不断拓展和提升到一个分析体系，直到演绎成为一套分析技术与工具。只有数学逻辑，才能达到上述这种境界和高度。

妈妈：关键是只有理解到了这种境界，才真正具有了数学思想。学好数学的标志是，即便忘掉所有的定理和公式，剩下的还有逻辑和思想。

逍鲲：你们谈了那么多的逻辑，是否还有其他逻辑？

爸爸：还有啊，例如技术逻辑、谓词逻辑，这些留给我们以后再去讨论。

汉语逻辑与思辨

爷爷：我们讨论了很多关于逻辑的问题，也意识到逻辑给人带来了理性思考，也是人的一种智慧。

逍鲲：今天大家能不能就某一个问题展开深入的讨论，让我也能够更好地去体会一下逻辑的意义？

爷爷：好啊，我提议讨论一下汉字，大家都能够交流。如汉字的会意字，是将不同意义的字，或偏旁、结构等相融合，用抽象与归纳的方法去拓展汉字的意义和内涵，实际上这就是一种逻辑方法。

爸爸：会意字是汉语的逻辑学，是最为博大精深的文化基石和智慧遗产，需要在传承中认真地梳理与挖掘。会意也是一种编码技术，完全可以用现代信息加工技术加以分析与拓展。

奶奶：比如“離”字，本义是隹即鸟陷入笼而被捕获；引申义为，遭遇、罹难；再引申则为“分离”。

逍鲲：在古代，是不是因为交通和通信的极不方便，如果人相分离，就会认为是一种不幸的遭遇？

爷爷:理应如此。所以屈原“离骚”的含义，是因为罹难而发的“牢骚”，实际上是一种心声，也是一种呐喊。

妈妈：那么“离离原上草，一岁一枯荣”中的“离离”，岂不是罹难又罹难，应该是指历经无数“磨难”的原上之草。

爷爷:屰（nì）是象形字，指倒转的人形，本义，初生露头;引申义是逆反、不顺。朔则是会意字，是初生、看不见、月不明之时;引申义为不顺、阴暗处。扑朔，应该是走向暗处或危险之处。迷是辨识不清；迷离，难以辨识或想逃避前方的险情。

奶奶 :《木兰辞》:“雄兔脚扑朔，雌兔眼迷离；双兔傍地走，安能辨我是雄雌。”意思是：雄兔胆大，抬腿却处处都在危险之中；雌兔谨慎，眼前所见到的总有难以分辨的危险；即便是两兔相傍、紧挨在一起行走，怎么能还有心情，在危难时期安心去分辨谁是雌是雄呢！

妈妈：看来缺乏逻辑会带来理解上的歧义。

爷爷：又如，“关”字有闭合、阻断之意；乡关，被阻断的故乡，“日暮乡关何处是”，正是此意。“关关”，被反复阻断，有隔绝之意。“关关雎鸠，在河之洲；窈窕淑女，君子好逑。”求偶急切的雄性被阻断在一边，前面八字是对后面八字的比喻和铺垫，其实后面的诗句还是反映了这一思想主题。

妈妈：“关关”如理解为雎鸠的叫声，不仅逻辑上不通，也降低了诗句的美感。

逍鲲：我听了大家的讨论，得到的感悟是学习语言同样是在学习逻辑。

爸爸：有了逻辑，所有问题都可以剖析得更为深刻。

深度学习中的无监督学习方式

爸爸：深度学习是利用无监督学习的原则，对机器学习技术的一种深化与探索。深度学习用模拟人神经网络知识结构的方法，设法从一个层次较低的数据组合或者知识相对简单的特征中去构建一个体系，从而发现更高或更为复杂的层次特征。从逻辑关系上是减少参数的数目，设法寻找更为直接的逻辑关系，梳理归纳知识等结构的层次。从学习上理解，则是有利于跳出监督，趋向于无监督、半监督学习。

妈妈：在数学的泛函分析中，“卷积”是通过两个函数生成第三个函数的一种数学运算。卷积的特点是用一种运算方法对对象进行逐点加工，如图像识别中，将图像的元值两两相乘。卷积运算给我们的启示是在一个知识网络体系中，可否用相同的思维方法即某一种逻辑关系，逐个去思考所有的知识点，从中得到启示和寻找新的思索路径。

爸爸：我曾试从音乐的理论、和声、曲式、配器、作曲理论、唱歌基础、音乐学等关于音乐学科的知识中，提取具有某些关系的知识点或知识模块，构成一个神经网络体的音乐知识构架，并赋予一个字的“特征值”，即“音、声、曲；律、调、乐；唱、器、谱”。

妈妈：你是在试图用一个“算子”，如编码与解码技术，类似卷积的信息加工方法，对其进行系统加工。用信息加工技术的思想方法去普及现代深度学习，同时也是对音乐的一种再认识。

爸爸：这里用“卷积”的思想方法，主要是以同一种逻辑关系去统一定义：物体振动而产生的频率、振幅、时值、谐波等码是为“音”；被人听觉捕获到并能理解的码则为“声”；音按一定的方法、规则和技术被编码成“曲”；为音的编码、解码而制定的规则为“律”；编码与解码时，对音之间的关系进行诠释为“调”；对音、曲、律、调等被赋予的编码技术，而产生的解码模式与情感归因为“乐”；对音乐编码方式的解读，并以情感为载体进行的表达为“唱”；一个集文化、制造、作品、技巧于一体的编码与解码工具与载体为“器”；对音乐的编码信息进行系统的记录、传播、传承的载体为“谱”。

妈妈：实现知识的网络化后，更为关键的是要将网络化后的知识进行层次化。被层次化的知识更能厘清知识架构、逻辑关系、技术支撑、数字结构等各个层面的问题。

爸爸：如音乐就可从语言性、逻辑性、技术性、艺术性等几个层面来理解。对赋予作品情感而产生的共鸣，从这个角度理解，音乐是一种情感性语言；逻辑性是对音乐各种结构与关系的赋值或解读，并能人机交互；技术性则是对音乐语言性与逻辑性表达形成的技巧或诠释；艺术性应该是对逻辑性与技术性的超常发挥或不断创新，这是人文性的。

妈妈：任何知识体系都可以梳理出不同的逻辑关系，有利于深入剖析与探索。我们应该多用这种思维方式去教育自己的孩子。

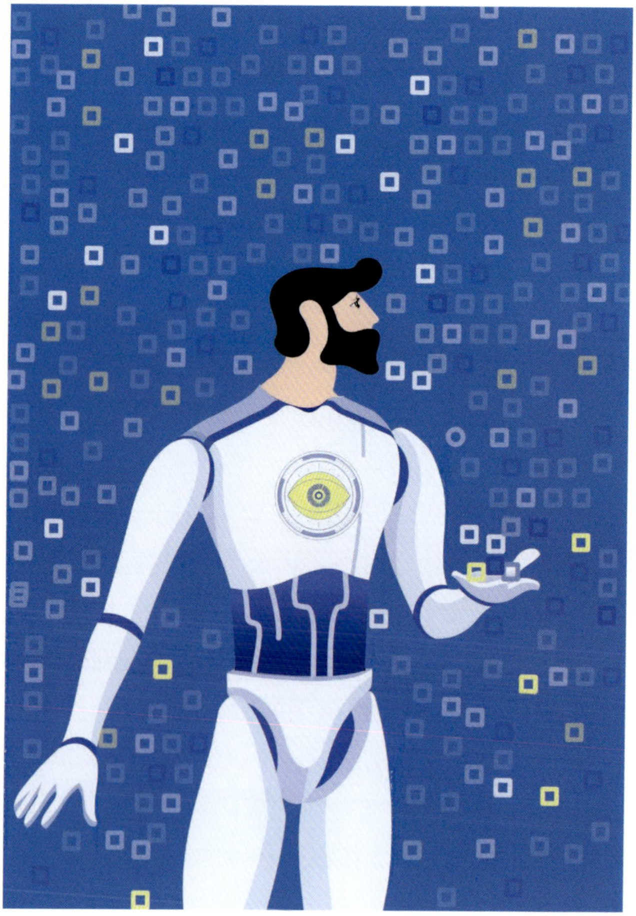

借鉴机器学习中的深度学习方式

奶奶：机器学习和深度学习技术怎样才能被借鉴到人的学习上？在思想方法上如何去寻找逻辑演绎的各种方法和工具,并让工具有一定的“协同”性，即将思维方法可以人为地训练与推进到一定的深度？

妈妈：人的思维方式是否可以技术化与工具化，应该是形成有主动理解与操控思维的空间和手段。

爸爸:其实，我们不但可以借鉴人工智能的技术方法，也可自行归纳梳理。

妈妈：人工智能涉及许多理论和技术，在此先介绍一些如何自行归纳的。

爸爸：我曾梳理“归”，即带有一定返回性的系统思想方法，并以此反复而渐进地思考问题，久而久之则成为习惯性的逻辑思维技术方法。如归类，寻求应用的某种规则；归因，寻找一定的逻辑关系；归纳，梳理若干个有关联的逻辑关系；归约，合并、简化各种相关性；归源，解码直至信息的元码，为重新编码提供基础和途径。不断理性应用上述这些“归”法，可以在思考问题时，慢慢促进情感的“归零”。虽然这是一种形象、比喻性的说法，但不无道理。反之，让思维方法总是处在被监督学习的过程中，则容易走向“归一”，即归为“一根筋”，或俗话说的“屁股指挥脑袋”。

奶奶：其实质是人大脑神经递质形态的单一化，情感归因的同质化。

爸爸：看来没有现代深度学习技术，在传统学习方法之下，大多数人在成年以后都会具有这种形态，失去创新能力。

逍鲲：我们能否自我认识或理解到这些问题呢?

奶奶：人埋在底层的是遗传基因（有些基因现在已经可检测到了），以及各种沉淀下来的潜意识；在其上面的是形成的自我认知和价值判断，并不被常人所理解到，但可以通过学习去诊断；再上一个层次，则是在外界刺激下产生的意识、情感，并形成的动机，静下心来可以理解到；在动机的驱使下产生了认知和行为，而情感又常常去为行为做出平衡性的解释；经常性的行为会演变成选择性的情感体验、行为习惯和认知模式；最后形成人的知识结构和各种技能，但也包括许多负面的部分，而这些则是最容易被检测到的一部分。

爸爸：在思维方式上，实际上也是一个渐进的、层次化的过程。从人的成长过程来看，是从意识的培养、概念的形成、逻辑的训练、知识的构建、认知的塑造，一步一步地发展而形成的。

奶奶：而对于成人则必须是意识的改变、概念的提升、逻辑的梳理、知识的重构，才能有认知的迭代。所以没有一套技术方法，一般人很难实现认知真正意义上的迭代。

逍鲲:我明白了,我们的讨论与探索是想让大多数人都能理解到这一问题。

《西游记》中的逻辑与思辨

逍鲲：大家谈了很多关于深度学习的内容，我还不是太懂，能不能举一个我非常熟悉的案例，让我更明白一些？

爸爸：初进入深度学习，会涉及许多新的技术和概念。为了方便理解，我们可从一本小说入手，大家看如何？

爷爷：读《西游记》，如能采用并行的网络知识结构，不但有利于真正读通，同时还可以作为理解与普及深度学习的基本思想与方法。

逍鲲：《西游记》我读了很多遍，有些都能背出来。小说一开始的七回是写孙悟空；后面又用五回专门去说唐僧；从第十三回开始，直到结束，一共讲了四十一个故事、八十一场灾难。

爷爷：对，这是小说的故事“情节线”，用曲折离奇、富于幻想的故事情节吸引读者，同时又为作者的暗喻留下了许多铺垫。

爸爸：我查了一下，小说有很多版本。故事从唐、五代、宋、元，一直流传到明。要搞懂“祖本”，即最早出自何人；流传至今、最具代表性的是吴承恩著的“世本”及阳至和的《新锲三藏出身全传》、朱鼎臣的《鼎锲全相唐三藏西游传》版本之间的关系。

爷爷：《西游记》不是个人的原创小说，有一个传承和不断创新的过程。吴承恩版本出版于明万历十年（1582 年），有其独特的风格与构思，特别是伏笔、曲笔，只有比较才能解读与剖析这本流行的《西游记》。所以深读《西游记》要有一个用于比较的“版本线”。

奶奶：小说其实是用伏笔与铺垫的手法在写一条“修心线”，突出一个思想，即“去山贼易，去心贼难”。从“灵台方寸山，斜月三星洞”的石猴修炼，到“五行山下定心猿”；从走二界山的“心猿归正，六贼无踪”到过“七绝山”、迷“盘丝洞”、战“牛魔王”、灭“火焰山”，直至修成正果。西行皆虚幻，实质是修心，故师父得通晓佛教“律、经、论”的三藏经典，而悟空的关键在“空”，悟能的首要是“戒”，悟净还需更彻底的“净”。

爷爷：关键还有一条“暗喻线”，是伏笔、喻意，还是曲笔、影射。故事是外壳，经历是虚空；西行是象征，灾难是虚幻。皆有弦外之音。从东胜神洲、南赡部洲到西牛贺洲都有伏笔、暗喻。因是石猴，虽无情欲，却充满功利欲；极乐世界，普度众生，取经也得收取人事，即小费。故“佛也空，众也空，世界也空；迷也空，悟也空，一切皆空”。只有真正悟到了“空”的境界，才能“妙有”，所谓佛教的“有依空立”。

爸爸：吴承恩的世版增润、删削、修改了多少，至今无法找到相应的文字做比较，但却留下许多的哲理和思考。第六十四回，拂云叟跟三藏说：“道也者，本安中国，反来求证西方，空费了草鞋，不知寻个什么？”第八十五回，悟空又提醒师父《心经》的四句偈子：“佛在灵山莫远求，灵山只在汝心头；人人有个灵山塔，好向灵山塔下修。”

奶奶：吴或是想说明《西游记》书中的妖精、菩萨只是存于人们的心里。一念为善，便成菩萨，一念为恶，便是妖精；点明西行的故事是虚幻，而取经的历程不过是修心而已。全书的妖精魑魅原都是心中的病魔、人类的业障。西天只是在心灵或梦幻中的极乐世界。

逍鲲：我懂了，读小说原来也可以用并行思考的方法来实践一下深度学习的基本原理。

现代认知理论的哲学思考

奶奶：当代认知理论认为学习实际上是一个信息的加工过程，由于人脑神经科学的发展，使人进一步认识了脑的思维机制。人工智能和现代机器学习、深度学习技术的发展，使我们可以从“机器”对信息的编码、解码等加工过程中，模拟与解读人的认知过程，进一步探索学习规律和学习方法。

爸爸：如果单纯站在人工智能的技术层面上理解，机器学习仅仅是一个信息的选择、接收、编码、存贮、提取、使用等过程。但从其采用的思想方法与技术手段的融合上，则有语义网络表达法、状态空间描述法、谓词逻辑演算法、问题归约判断法等，其描述、表达、演算、判断的逻辑和人的思维机制则有许多相似之处。在人工智能操作性的技术层面上，如数据的结构与算法、程序的封装与接口，网络的卷积、池化与特征值化等，更具有工具化的特征，因而也有利于思考和解决思维中的实际问题。

逍鲲：上面说了一大堆的新名词，我几乎都听不懂。

爸爸：没关系，今后在讨论人工智能时，我会给你一一解答。

爷爷：现代认知理论实际上已进入可从技术层面上去思考哲学的“我是谁”“我从哪里来”等问题，具有对“反思”的可操作性，即对思考模式与过程进行实操性的思考。同时也是在探究人的纵深发展，即沿着知识的构造、认知的模式、思维的技术、情感的机制等路径拓展。

爸爸：纵深发展能有效地防止认知的平面化。平面化是用一种对象语言描述不同层次的问题，换一种说法是将不同层次的信息结构和逻辑关系产生的问题放在同一个层面或体系上去思考。平面化既不利于创新思维，也是悖论形成的原因。

逍鲲:是不是我们在日常生活中，常拿来形容讨论问题时不在同一个“频道”上？

奶奶：有这么个意思。人在学习或思考过程中，如没养成反思习惯和形成反思能力，很容易产生惯性思维，从神经科学的理解是神经递质的活动逐渐趋向单一化。认知模式被形成后，会具有一定的“表面张力”，对知识进行网络化构建及深度思考形成障碍，知识呈“碎片化”结构，也无所谓创新能力。

爸爸：为防止固化、不断提升人的思维能力，需要修正与替代自己相对落后的思维模式，这是一个艰难且有志才能竟成的过程，这就是现代所谓的认知迭代技术。认知迭代首先要重视对自己思维结构、认知方式以及情感归因的理解；懂得迭代的基本原则、手段与方法，其中不少可从人工智能的技术中获取。

情感教育的思辨

道鲲：为什么人的思维和情感会有关系？那情感又是什么呢？

奶奶：人的情感具有自然性，即所谓原始的兽性及进入人类文明社会后的人性。人之初的自然性仅有本能的快乐和恐惧，随着生存需要和环境影响，情感会不断地被分化、细化，随后又被相融、组合。

妈妈：我读过一些心理学，对人的情感认识与划分并不相同。有种观点认为人的基本情绪与衍生情绪，可产生八种带天性的感情，即高兴、容忍、害怕、惊讶、悲伤、恶心、愤怒、期待；而其他情感则再由其按某种比例复合而成，如期待 + 恐惧 = 焦虑，期待 + 愤怒 = 忌妒，等等。

爷爷：佛教的因果律有三法则，即“果由因生、事待理成”，特别是“有依空立”，是所谓性空始能缘起，是重视与探索情感的修持。

奶奶：人情感的形成多数认为是遗传、环境、教育等因素，对其所占权重的看法则不尽相同，但对后天行为的影响却是一致的。有人比喻为“播种行为、收获习惯，播种习惯、收获性格，播种性格、收获命运”，不无道理。

爷爷：人的成熟和情感和价值判断、自我认知、智能因素、人文素养、知识结构、思维模式等均有较大的关系，并产生不同的兴趣和不同层次的需求，但在层次上，人却产生了根本性的差别与差距。

妈妈：马斯洛的需求理论认为，人是从最基本的生理需求发展到安全、社交、尊重的需求，直至追求自我价值的实现。

爸爸：弗洛伊德的“三我”理论是从人的本我、自我到超我。而尼采则认为人的差别可大到用“超人”与“未进化”来形容。

爷爷：如果试图用一个极为简便的公式来说明一下问题，可否认为：人 = 躯体 + 人性，人性 = 情感 + 智慧，智慧 = 理性 + 思维技术。

奶奶：现代心理学与人的测评技术，将人所外化的部分加以分类划分，谓之性格。人的性格是稳定的情感和其相适应的行为反应，而稳定情感会影响神经递质直到染色体，并产生遗传。

爸爸：情感在人与人之间会产生影响和感染作用，如人会从众而随波逐流，因而人以群分则有蓬生麻中。

奶奶：人类的群居性和社会竞争的加剧，人对情感的掩饰性、伪装性也在增强；同时还会形成极端，即双重、多重人格和人格分离。人格分离实际上是认知模式和情感归因的分离，即认知与社会普遍性的情感极度不一致，其最具代表性的是斯德哥尔摩综合征。

逍鲲：我明白了一个道理，认知与情感都是提升人的思维能力不可分割的共同体。

“脑检”的意义与哲学

爸爸：人对“脑检”，即对自己性格测评的认识远不如对“体检”更为公正与客观，因而测评还存在一定的人与人、人与机之间的博弈。

妈妈：现在基因测试技术已进入祖源的基因分析、遗传特征与疾病、运动基因、营养代谢、心理特征等；而心理特征就涉及情绪稳定性、外向性、宜人性、尽责性、开放性五大人格的各个方面。

奶奶:现已明确，人的大脑中，丘脑是产生意识的地方，通过丘觉产生意识，丘觉具有遗传性和联结性，即通过学习获得信息。

爸爸：用人工智能和信息技术化的思想来理解，就是信息输入后，被打上“标签”的过程。“深蓝”计算机的国际象棋博弈就是从这一步开始，但计算机没有神经递质也没有情感，只是逻辑运算。

逍鲲：我懂了，人脑的信息被输入后，还会受到情感的影响和左右，人的思维是情感和逻辑共同产生的结果。

奶奶：情感动物性本能是趋向惰性与快乐归因，同时又去寻找解释、平衡、满足的理由。说服教育的作用，往往只是在其形成动机前或动机不强烈的情况下去理解或接受，否则只会起强化作用，适得其反。情感在动机驱使下，会启动满足其动机的思维模式、相应的行为，去平衡与满足自己的情绪或需求。

妈妈：情感教育是一个科学运用技术手段和不断设计方法的过程，如目标设计、载体构建、氛围营造、角色扮演、善用激励、巧施惩戒；而方法上的要求则是艺术性的，或互换角度、平等交流，或暗度陈仓、欲擒故纵，等等。

奶奶：情感教育实际上也是一个斗智、斗勇、斗法的互动过程，要让受教育者塑造起更为健康的情感。

逍鲲：我明白了，孩子情感教育的意义远远大于知识的传授。

爷爷：但成年人是靠自我情感塑造，要理解自己的情感归因，对自身的价值判断、认知模式、思维方法、动机形成等各个方面的剖析有一定的层次与深度，具有较强的反思能力。

妈妈：现代认知理论和深度学习的目标确实应该是：教育要重视知识、能力、思维、情感的纵深发展，以及思维方法的技术化。

反思剖析自身的逻辑方式

道鲲：人如何去观察世界，才有利于提升自己的思维能力？

爷爷：我们可以将哲学划分为三个发展阶段帮助理解思维方式，可能会更为清晰。第一阶段是以人作为主体，即人如何从我即主观去看客观世界，并不断探究认识客观世界的方法。从一个探索究竟的方法到信息归纳提升为知识结构，直至形成“科学”。

道鲲：是不是大家常说的形而上学啊？

爷爷：对，形而上学是从主观出发认识世界的方法论，但不易判断主观是否存在感性的东西，以及认知与思维方法上的局限性，因而容易产生唯心主义和无谓之争。

爸爸：宗教其实是另一种形态上的形而上学。

道鲲：这样看来，人认识自己就显得非常重要，因为不认识自己的情感和思维，有时候会很难认清客观世界。

爷爷：说得非常好，这就是所谓的“反思”。所以人需要研究、剖析自己的主观世界，即自我认知，解读自己的价值判断、认知模式、思维方式，使人格更高尚，让思维更知性、理性。

爸爸：人无论是对客观世界和自己的主观世界，如对思维机制与过程的理解，都难以逃脱感性的影响和思维模式的限制。

爷爷：哲学发展到第二阶段就是为了认识人的主观世界，即人的价值观念、思维机制、认知模式与心理过程，也包括心理健康与心理诊断等，同时也产生了心理学。

爸爸：但从哲学上理解，面临如何跳出用同样的思想方法所形成的心理学。只有促进哲学迈向技术化，让人的认知通过技术化手段来帮助解决问题。

爷爷：哲学方法的技术化可以视作哲学的发展进入了第三阶段。

爸爸：近代德国数学家、逻辑学家和哲学家弗雷格设法让哲学跳出形而上学的无谓之争，摆脱用模糊的、多义的日常语言去探讨精确的、普适性的哲学问题。他创造了一个与日常语言划清界限的精确语言，即一种概念文字，其主要特征是一义性与符号化。

妈妈：其实也是一种数学思想，采用算术语言构成思维的符号语言、模仿算术纯思维的形式语言。概念的表达像函数式一样，只与形式有关，用以区分逻辑与心理、客观与主观。

爸爸：弗雷格开创了逻辑语言分析方向，成功地把数学语言转换成逻辑形式的语言，建立起语言逻辑的框架，是逻辑史上第一个严格关于逻辑规律的公理体系。

逍鲲：看来人要让自己聪明起来，需要理解和掌握更多的语言。

分析教义中的逻辑推理

道鲲：为什么有那么多人信佛？我有必要学习佛教吗？

爷爷：佛教从教义上简单地理解是："诸恶莫作，众善奉行，自净其意，是诸佛教。"佛教在思想上博大精深，哲理上深奥精微。如果从思想与哲理上学习和懂得一点儿佛教，对我们认识世界还是很有帮助的。

道鲲：那我又该如何学习呢？是进庙拜佛上香吗？

爷爷：那倒不必，但可以从"相、乘、戒"三义着手。"相"是了解佛所说的大千、三千世界；实际上也是从人的主观世界如何去看客观世界的方法，当然在这里的"相"是指佛的世界。

道鲲：我明白了，怪不得上次你们在讨论时说，宗教是另一种形式的形而上学。

爷爷："乘"是如何让人的思想与情感度到彼岸的方法，彼岸有点类似《西游记》中所描绘的西天。所以"乘"实际上是回到人的主观世界，一种自我认知，即理解自己的价值观念。"乘"所创导的理论体系非常博大，如大乘、中乘、小乘、金刚乘等，其中具有系统性、代表性的方法，如"有著才有信，有惑则应解，有业必须行，有报方能证"等。

道鲲：我才搞懂，《西游记》中唐僧取"大乘佛法"经的意义了。

爷爷："戒"是度的前提、基础也是实操方法。用今天的哲学思想和认知理论来理解，戒是一种情感归因和认知迭代的技术手段。两千多年前佛教的认知方法和哲学发展的三个阶段竟然有如此相似之处，给人一种殊途同归的感觉。

道鲲："戒"是让情感与认知发生改变的技术方法，其中具体手段也一定会打造得很多。

爷爷：正是如此。佛教所谓：止恶扬善只是入门，自净其意方才得定，定善修固才能生慧。在佛教中，受了依佛、依法、依僧的"三皈依"才是真正的佛家弟子，否则只是"善男信女"，所以入佛门不易。

道鲲：为什么僧人总是要不断地念经呢？

爷爷：实际也是让情感发生改变的技术手段。《菩萨戒》是戒律中比较高深的戒，大致可分为三种：《优婆塞（夷）》菩萨戒，其戒条为六重、二十八轻；《梵网经》菩萨戒，其戒条为十重、四十八轻；《瑜伽菩萨戒》，其戒条为四重、四十三轻。上面这只是从戒条讲，如从戒性讲，《梵网经》菩萨戒为顿立戒；《优婆塞（夷）》菩萨戒为“渐持戒”；而《菩萨戒》是“菩提心戒”，说有八万四千条，只要起心动念都是戒。佛教戒律的戒条众多，实施办法也多，说明即便在佛界认知迭代也不易，去掉“凡心”能够“悟空”更难。

逍鲲：所以需要采取“反复诵读”的技术方法，怪不得有“小和尚念经，有口无心”的说法。

爷爷：从教育学、心理学、神经科学来理解，实际上是一个喻世明理、精神疏导、行为纠正、认知迭代最后到情感重新归因的过程。

逍鲲：原来爷爷通过讲佛教，想教给我的还是哲学思想和认知方法。

人机博弈的思辨

逍鲲：1997 年有一场举世瞩目的人机博弈。计算机可谓是集人类的智慧于一身，但人有千千万，谁又最适合和计算机交手呢？

妈妈：是加里·卡斯帕罗夫，一个 17 岁就成为国际象棋特级大师、智商达到 190 的人。他能讲 15 国语言，又是一位数学家、计算机专家。从 1985 年到 2006 年连续获 23 次世界排名第一，11 次获得国际象棋奥斯卡奖。他是国际象棋史上的奇才，被誉为“棋坛巨无霸”。

逍鲲：那么计算机又将如何迎敌呢？

爸爸：当时用于比赛的 IBM“深蓝”计算机使用了 30 台 IBM 工作站，每个工作站有 2 个 CPU 并附加 16 个专用芯片，所以“深蓝”的计算能力是 30 台计算机加上 480 个象棋芯片，实际能达到的运算速度是每秒搜索 2 亿步棋局。

逍鲲：这只是计算机所配置的硬件啊！

爸爸：为此，“深蓝”输入了人类有记录的 200 多万局棋谱，根据这些棋谱“深蓝”可以算出每一步棋后面的 12 步变化，而当时最强的人类大脑只能计算到 10 步。

逍鲲：说明大战前计算机在设计上已做了充分准备，并留有余量。

爸爸：在赛前还邀请了众多的一流象棋大师负责和“深蓝”对弈训练，而这些成果大多都被不断地优化、评估、储存于数据库中。计算机又用一种“剪枝算法”对已经搜索过的状态，即已下的棋局向前看，通过打分、评估、传递，用以不断提高搜索的效率。

妈妈：如果依照一局棋平均 50 步来计算，它的状态数可以达到 10 的 161 次方的规模，所以没有搜索技术，计算机将无法进行博弈。据后来设计“深蓝”的核心人物许峰雄回忆，卡斯帕罗夫最后一局输在心态上。

爸爸：但这仍然是对人类最佳棋手弈棋思维和水平的探索过程。一种技术的思想首先要被发现出来，然后才有可能达到逻辑上的完善。逻辑的完善也可以理解为一种“智”。

逍鲲："深蓝"首先要对机器输入信息如棋谱，这应该是一种类似灌输式的教育模式吧。

妈妈：计算机在赛前和大师下棋是按程序而进行的机器学习，同时搜索也是遵循程序而为，这些都和传统的学习方法有点儿相似。

爸爸：无论如何，"深蓝"开启了人机真正意义上的博弈。我们可以借鉴与剖析的也正是知识如何标签化，以及机器学习、信息搜索等问题。

AlphaGo 战胜人类的逻辑思辨

逍鲲：2016 年 3 月又举行了一场人机大战，是计算机 AlphaGo 对战世界围棋冠军职业九段的李世石，机器又以 4 比 1 获胜。

爸爸：AlphaGo 后来与中日韩数十位高手又战了 60 局，无一败局；2017 年 10 月再战世界第一的柯洁，以 3 比 0 获胜。

逍鲲：为何从“深蓝”的国际象棋到 AlphaGo 围棋用了 20 年？

爷爷：围棋是一种策略型的两人棋类游戏。中国古代称“弈”，西方人称为“Go”。围棋纵横各 19 条线形成 361 个交叉点，它的可能性是一个天文数字。棋局一开，便要深谋远虑，可以演绎出无穷的变化，故有“千古无同局”之说，在棋界还有对高手“一眼千手”的赞誉。

爸爸：AlphaGo 的主要工作原理是深度学习，即让机器真正迈入人工“智能”。

逍鲲：为什么 AlphaGo 才能称为“智能”呢？

爸爸：AlphaGo 模拟了一个类似人脑的多层神经网络，在其一层的神经网络上将大量的矩阵数字输入，通过非线性激活的方式取其权重，再产生另一个数据集合作为输出。AlphaGo 像生物神经大脑的工作原理一样，通过合适的矩阵数量、多层组织链接在一起，形成一个神经网络似的“大脑”，进行精准复杂的数据处理。

逍鲲：AlphaGo 智能化的手段还有什么独到之处呢？

爸爸：AlphaGo 有一个“策略网络”，用于监督学习与强化学习，选择每一步棋的最佳概率，并采用快速走子；同时又训练一个“价值网络”，对自我博弈进行整体评价和预测。计算机通过两个不同的神经网络“大脑”，即一个落子选择器、一个棋局评估器，而最后整合两个网络的是基于概率和统计理论方法的蒙特卡洛搜索法。

逍鲲：AlphaGo 还需要学习吗？

爸爸：AlphaGo 有一套训练方法，在赛前训练时用到了人类棋手以往的 16 万盘棋谱，再加上自己左右互博产生的 3000 万棋谱。计算机通过不断地强化学习、自我训练，并采用人类总结的几万个模式，实现高水平的围棋运算程序。

逍鲲：但听说 AlphaGo 后来还是被打败了。

爸爸：是被它的后代 AlphaGo Zero 打败的，而后者完全放弃了人类的经验，用一种“空白”的状态进入，也不再用两个“大脑”。机器是靠自己来进行深度学习，自我博弈了 490 万局，并以 100 比 0 完胜“前辈”。计算机打开了“围棋”的神秘之门，似乎在告诉我们，只要算法合理，有些领域计算机已无所不能。

爷爷：人类总结的博弈模式输给了人工智能，说明人类对围棋的认识还远远不够。职业棋手柯洁曾提到：“人类数千年的实战演练进化，计算机却告诉我们人类是错的。”那么我们还会有什么是错误的呢？

爸爸：AlphaGo 能否代表智能计算发展的方向还有所争论，但比较一致的观点是，它所象征的计算机技术已迈入人工智能新信息技术的时代。

人类思考的演绎模式

道鲲：我能理解在深度思考时，不宜常用单一化与演绎模式的串行思考，而要习惯于多用综合与归纳的并行思考，但对 AlphaGo 多层次神经网络的深度学习还是不够理解。

爸爸：深度学习的理解需要一定的理论基础，但却可以解读它的思想方法和技术手段，以帮助我们去思考问题。

爷爷：我们可将学习历史知识视作一个载体，用于理解网络多层次的深度学习方法，这只能是对方法的一种模拟和解释。历史是被人记录的信息，由于信息不对称等因素的影响，很难完全正确地判断当时所发生的事。

爸爸：其实还受到人的价值观念、思维模式、认知方法等的影响。

道鲲：我的理解是学历史不能沿着“史”的某类串行信息走，而是要构建一个并行的网络知识体系，并不断向纵深层次挖掘与拓展，以探索能够剖析历史的新方法。

爷爷：历史记载有纪传体，以人物传记为中心叙述史实，用人物活动反映历史事件，另外还有制度、经济、社会等方面的书志，以及各种年表与世系表等构成一种知识的网络体系，如《史记》。编年体，是以时间为线索依顺序记载历史事件，如《资治通鉴》；国别体，则以国为单位，如《战国策》；通史是连贯不间断记叙各个时代的历史事件，其本身就具有一定的知识网络结构。

道鲲：无论用什么“体”，都会存在认知方法上的局限性。

爸爸：正是如此，在这里采用的大多是同一种逻辑方法，我们可以试图探索另外一种逻辑。

爷爷：史料是经何人在何时、何处、何种背景、掌握何种信息资源，并以何种方式所做的记录，同时还有信息在传递过程中的完整性等。如西晋陈寿的《三国志》、南朝裴松之的《三国志注》都存在文字脱漏、注混正文等现象；而明初宋濂等用 331 天完稿的《元史》和民国初柯劭忞用 30 年时间熔裁钩贯的《新元史》，无论是时代背景、信息占有还是立场、观点等均不相同。

逍鲲：我明白了，我们可以用下一个逻辑关系去帮助推断上一个逻辑关系。

爷爷：无数的先哲、专家和学者对历史的研究，形成了各种史学观，如唯物史观、进化史观、实证史观等，这又是一个层次的逻辑体系。故史学界有句行话：读历史，“三分在史、七分在论”，不无道理。如果再深入一个层次，现存的历史遗迹、文物、考古发现等实物，以及现代技术对文物信息能够提供的解释等。甲骨文是在清末（1898年）被发现的，因而也就无法帮司马迁梳理与撰写《史记》和帮助许慎考据与编纂《说文解字》等。

爸爸：现代的深度学习、机器学习、大数据分析等技术可以对历史进行再剖析。如用大数据梳理一下苏东坡的诗词，仅从词频就可以分析出众多的用字、用词规律，从而更深刻地去解读诗人的情感与生活。

逍鲲：这样看来，学历史就好比在学习逻辑学，还可以用来模拟深度学习的技术方法。

语义网络与概念中的意义

逍鲲：人机进行了象棋与围棋的博弈，但肯定不是人工智能发展与应用的最终目的。那么人工智能想达到什么目标呢？

爸爸：人工智能是研究开发用于模拟、拓展人智能的理论、方法、技术及其应用。现代相对成熟的应用有如图像与语言识别、语言处理、专家系统等。专家系统是模拟专家解决某些领域的计算机程序系统，即能从一般的推理策略到实现具体专业的应用。

逍鲲：通过讨论我明白了一个道理，在信息日趋对称和人工智能广泛应用的时代，知识已不能靠简单的积累。

爸爸：现代“知识工程”的理论与技术，就是应用科学依据和技术手段大容量、快速地获取知识，同时让知识、思想和机器的关系更加密切。当然更为重要的还是解决信息如何进行技术加工的问题。

逍鲲：前面谈到许多技术方法。我记得就有什么语义网络表达法、状态空间描述法、谓词逻辑演绎法、问题归约判断法等。

爸爸：让我们逐个理解上述的基本思想方法。语义是指词语的真实意义，也可理解为数据的赋值与逻辑关系。一个程序的“语义”，则通常是由另一个程序决定的，这另一个程序就叫作“解释器”。程序也是一个数据结构。

逍鲲：语义为什么又要组成网络呢？

爸爸：自然语言表达中，语法重视的是句子的结构及表达的思想，而语义则是重含义与逻辑关系。语义网络是一种以网络格式表达人类知识结构的形式，用另一种思维方法去理解自然语言，以及对人类认知科学的研究。网络更形象地描述了事物概念、状态及其之间的关系，也是一种用图来表示知识结构的方式。

逍鲲：如何去实现语义网络的表达呢？

爸爸：信息的表达方式为一组节点，用节点来表示各种事物、概念、属性、状态、事件、动作等。节点通过一组带标记的有向直线让彼此连接，用于表示节点之间是何种关系，是一种面向语义结构性的知识表示方法，是一种逻辑概念图，也是形象化的思维导图。

道鲲：为什么要用语义网络表达知识呢？

爸爸：语义网络能够直接明确地表示概念之间的语义关系，具有结构化的特点，也是对人语义记忆和联想方式的一种模拟，可以深层次地表示知识的结构、层次及实体间的因果关系，所以有利于直接的逻辑推理，缺点是不适合于描述定量、动态性、过程性的知识。

道鲲：学习语义网络表达的意义又是什么呢？

爸爸：语义网络告诉我们知识是无限的，但表达却可以是多样化的。多样性的表达不仅是人工智能应用与发展的需要，同时也加深了人们对语言的理解和拓展了思维方法。

谓词逻辑的定义

道鲲：谓词逻辑演绎法是什么呢？特别是“谓词”的真实含义。

爸爸：谓，本义是告诉；谓语，是句子的一种成分，其作用是用来陈述主语。语法的意义简言之是规范词的组合方式，提高表达功能。谓词，是用来描述和判定客体的性质、特征或客体之间关系的词项。

道鲲：顾名思义，谓词就是用赋予它的逻辑关系来演绎与推导语言表达最真实的语义。

爸爸：正是如此。从一些假设的命题出发，运用一套逻辑规律，导出另外的命题，即用一般原理去推演特殊情况下的结论。

道鲲：我的理解是随着问题的复杂、思考的深刻，自然语言的表达与交流有了局限性，特别是在复杂问题的判断与人机交互上。

爸爸：对计算机而言必须有一套严密的逻辑运算方法。现代对于知识本身的结构与知识的表达，有时会是两个概念。从知识库的角度来看，知识只是在某个领域中，对所涉及的相关方面的一种符号表示。

道鲲：看来知识如何表达既是一种技术，也是科学和一种专业。

爸爸：除我们正在讨论的谓词逻辑演绎表示法，还有用层次结构的框架表示法，针对事件时序关系的脚本表示法，采用抽取或众包方式的知识图谱表示法，以及用于强化结构的语义网络表示法等。

道鲲：知识多样性的表示分法，确实拓宽了人的思维方式，也是一种可以借鉴和模拟的技术化手段。

爸爸：谓词逻辑是用逻辑关系来表达知识，是一种精确的形式语言，一种形式符号的推理系统。谓词逻辑不仅是知识的形式化表达、定理自动化证明的基础，也是人的思维活动规律之一。如无论是在现代哲学、数学、逻辑学还是语言学中，命题是一个判断的语言形式，而判断则是指向所表达的语义，实际上是在表达概念。

道鲲：那么命题又是什么？

爸爸：在逻辑系统中，最简单的是命题逻辑，即具有真或假的陈述句。

谓词逻辑是研究由非命题成分组成命题形式的逻辑性规律，研究命题的真假特征，以各种命题之间的真假关系，以逻辑运算符结合原子命题来构成的命题公式，以及一套相应的推演与证明规则。

道鲲：原子命题与基本方法又是什么呢?

爸爸：谓词逻辑把命题逻辑作为子系统，将不能再拆分的原子命题分解成个体词，即独立的事和物；谓词，用于刻画个体词性质或关系的词；再应用量词、联结词等构成命题形式，并形成了表示方法、演算方法和公理体系。

道鲲：我这样理解不知对否？语法是用句子的结构来分析语言所表达的意思，谓词逻辑则是用一套逻辑符号和演算方法来演绎句子所表达的语义。

爸爸：从思想方法上理解基本是对的，如要深刻理解，则需要不断再学习。

状态空间描述的意义

逍鲲：什么是状态空间描述法?

妈妈：所谓状态空间，是指某个系统全部有可能状态的集合。状态空间法是建立一种能完全描述系统变化的状态变量，以实施对系统进行分析和综合。状态方程则是能够刻画系统输入和状态关系的一种表达式。应用最广泛的状态方程是以向量作为输入与输出所建立的线性方程。

逍鲲：那什么又是向量和空间呢?

妈妈：向量也叫矢量，是既有大小又有方向的数值表示方法，不但有利于描述表达的对象，而且运算也显得特别方便。矢量是标量的一阶张量，故矢量的概念又可推广至张量，一种广义上的“数量”，以至极大地丰富了数学的表达思想。一般是把很多个位置的“点”，即元素的集合或某些具有几何结构的集合称之为空间。从广义上理解，空间使事物具有了变化性，同时又可以容纳运动。

逍鲲：也就是说，有了空间的存在，事物才产生了运动和变化。

妈妈：正是如此，在数学中是把向量运算和空间性质联系起来，建立了向量空间、线性空间、拓扑空间等一系列概念；同时还形成了一套非常便捷，且有一定通用性的向量运算方法。向量空间的概念及其运算方法，能够使许多问题的处理变得既清晰又简洁。

逍鲲：反过来理解，正说明了有许多问题都具有被向量空间进行表达的可能。能否再举一个具体案例，将这个思想方法进一步技术化?

妈妈：如在一个数据的样本中，能够找到可以提取的特征值，并将这些具有相似意义的特征值用向量来表示，就可以组成一个用特征值表示的向量空间。其基本思想就是在一个大数据中，能寻找到具有相关性的数据，即具有某个特征值，这些数就是映射到这个空间上的某个“点”，即向量。

逍鲲：这样的处理方法，它的意义又是什么呢?

妈妈：如果有了两个及以上的点，就可以通过向量空间的运算得到相应的结果和结论。比如这两个点很近，可以理解为相似，两点重合则是相等，并用此来解决各种识别的问题。

逍鲲：如何将这个思想与技术方法应用到具体实践中呢？

妈妈：例如文本检索系统，将文本数据转化成计算机可以处理的结构化数据，即简化为向量空间中的向量运算。实际是将其两个文档之间的语义相似度问题转变成了两个向量之间的相似性问题，处理方法简单方便、直观易懂。

逍鲲：虽然对状态空间描述法的具体实施，特别是输入计算机进行操作，我目前还无法实现，但是明白了一个道理，知识是可以用信息加工的技术方法来进行处理和描述的。

规约法的定义

逍鲲：什么是问题归约判断法？

爸爸：约在汉语中有捆绑、约束、共同遵守之意，归约单从中文字义上理解是回归到一种约定。其英文单词是 reduction，翻译为降低、减少的意思。

妈妈：reduction 在化学中是还原反应、在数学中则为约分。

逍鲲：那么归约到底是什么意思呢？

爸爸：应该说是上述所有意思的综合与归纳，可以理解为一种思想方法。归约是用解题的黑箱方法来解决另一个问题的思维方式。黑箱法只考虑系统的功能，而不考虑其内部运行和结构的一种方法。

逍鲲：这个思想方法可以用在何处呢？

爸爸：如计算机程序测试，关心的是输入和输出，并不关心内在的代码运行；人的心理诊断亦是如此。归约是理解两个问题的关系，即通过对原问题的抽象和建模生成另一个等价问题，然后通过解决这个新问题达到解决原问题的目的。故归约不是一种具体算法，而是一种思想、一种技术方法。

逍鲲：中医是否也是这种思想方法呢？那什么又是问题归约法呢？

爸爸：中医是一种黑箱方法。而问题归约法是一种基于状态空间的问题描述与求解方法。对已知问题的描述，是通过一系列分解与变换成为一个个子问题的集合，通过这些子问题的求解可以直接得到本原问题，从而解决了初始问题的一种算法。从思想方法上看，它是一种逆向推理，即建立子问题以及子问题的子问题，直到最后把初始问题归约为一个本原问题的集合，本原问题是指不能再分解或变换且直接可解的问题。状态空间法是问题归约法的一种特例。

逍鲲：基本思想我大体上都明白了，能否再具体化一下？

妈妈：例如在数据处理中，数据归约就是指在尽可能保持数据原貌的前提下，最大限度地精简数据。方法可以是，删除不重要和不相关的，根据数据的特征进行重组，减少数据特征向量的维度，或选取具有代表性的样本子集，等等。问题归约法实际是一种基于状态空间问题的描述与求解方法。

逍鲲：在这里我也进一步理解状态空间描述法的意义了。

爸爸：通过解子问题从而去解决原来问题，即从要解决问题的目标出发逆向推理，寻找与建立子问题直到本原问题的集合，实际是一套把问题变化成子问题的技术方法，同时也是对本原问题做出的一种描述。

逍鲲：我明白了，问题归约法实际也是为我们判断问题打造的一种技术方法。我也理解到思维也是可以寻找技术化的解决手段。

信息加工技术与思维技术化的定义

逍鲲：大家都在讨论信息加工技术和思维技术化等概念，那么思想的本质又是什么呢?

爸爸：技术最为直接的理解是解决问题的方法。信息论是用概率论和数理统计来处理信息的。按照信息论的假设，人的思想实际上也是一种信息。大脑中某些特定的分子经摩擦碰撞，引起某些“信息子”的规则排布，在三维空间中的表现就是电流，从而引起脑细胞活动，这便是“信息论”中关于思想的本质。

奶奶：不同的信息，表现出不同的思想，并通过一个完备而复杂的神经系统将其表现出来。思想是连续的，前一刻的思想决定了后一刻的思想，但目前尚在探索人在意识形成前的信息机理及其加工过程。

爸爸：从旧的结构进入一个新的结构，系统在不断变化，系统变化都会受到相关原理的支配，但往往与子系统的结构无关。在信息化时代，人脑只是信息时代的一个子系统。无论是站在系统论、信息论、协变论等现代理论的立场与观点，还是数学的同构、同态思想，以及人脑的神经网络结构，都可以用人脑去和电脑的原理与方法做一定的类比，用逻辑与算法对思维方法进行模拟，用系统方法去分析与理解思维过程中的信息加工技术。

妈妈：信息论有一个基本术语叫熵，它代表了一个系统的无序程度，也是一种无法区分的形态。熵也表示观察到的事件 X 中包含了多少信息量，事件的概率可记为 P（X)。概率越低，信息量就越高；反之，概率越高，信息量就越低。例如概率为 1 时，表示百分之百会发生的事，所以信息量就只能为 0 了。

爸爸：信息理论在机器学习中是一个非常有用的概念，可以从信息理论的角度来理解学习的算法，也用于判断在思维中信息的处理方法。

妈妈：举一个例子，从以往的经验和信息分析中得到的视为先验概率，当又获得新的信息和证据后，修正原来的先验概率而产生的新观念，则称之为后验概率。

逍鲲：先验和后验的关系及其意义又是什么呢？

妈妈：它们之间的关系可以用数学公式来进行表达，即 $P(A/B)=P(B/A)\cdot P(A)/P(B)$；其中 $P(A)$ 表示事件 A 的概率，$P(A/B)$ 是 B 发生的前提下，A 发生的概率。公式你现可不必完全搞清楚，只要理解先验概率和后验概率是相对的，并可计算的；从原因到结果的论证如果称之为“先验的”，那么从结果到原因的论证就是“后验的”。

爸爸：先验、后验，包括经验、超验，是哲学思辨中的认识论。中国的《易经》是一种朴素自然的认识论，数学中的概率论则是推导与量化的认识论，而当其运用到语音识别和人机博弈等方面，则属于一种技术模式了。如果被我们借鉴到深度学习与深度思考时，则可以理解为一种认识论的技术化方法。

编码技术的意义

逍鲲：什么是信息技术？能不能再举一个实例来帮助我加深理解？

爸爸：信息技术应用最广泛的是加工技术。例如在信息技术应用得极为普遍的文化创意中，就特别重视对信息挖掘、数据处理与编码技术等各个方面的应用。信息的加工技术方法常被借用到思维方式之中，例如，为了保证信息在传输过程中的保真性，在信源编码的基础上就可加上信道编码，此方法甚至在人对信息记忆的即时性和完整性上都很有帮助。

逍鲲：那什么又是信源与信道编码呢？

妈妈：可以举个例子，圆周率的值是3.1415926535……，是我们需要记住的“信源”编码；但也可以设计一个帮助你记忆的“信道”编码，即“山巅一寺一壶酒，尔乐苦杀吾”，还可以继续往下编。

爸爸：在文化创意中，文本分析是信息挖掘的一个分支，也是重要的手段。文本分析是通过智能算法等手段对文本的信息进行发现、抽取、标记、分析，例如进行分类、寻找相关度等。文本挖掘需要数据挖掘技术、信息检索、机器学习、自然语言处理、统计数据分析、计算机语言等知识和技术。

妈妈：如对文学作品人物的情感分析，可以通过一系列的情感词典和量化性规则，对文本中的词语进行拆解分析、情感计量、词频统计等，最后通过情感赋值来作为文本情感倾向分析的依据，更为重要的是，可以换一种思考角度，为文化创意寻找新的逻辑关系。

爸爸：词频分析是文本挖掘的重要手段，它在文献计量学中，是对传统性和具有代表性内容的分析方法，其基本技术方法就是通过统计词出现频率的多少变化，来确定与分析文章思想或描述的变化趋势。

逍鲲：我曾在网上看到一个资料，2017年清华附小六年级学生就对苏东坡25万余字的诗词做了一个词频分析，利用大数据技术，从另外一个角度来认识苏东坡。例如，诗词中“西湖”一词出现了92次，“江南”为84次，从这两个词的频率是否可以判断苏东坡个人经历或情感的某些相关度。

妈妈：词频分析不但可以剖析事件的相关性、作品的思想倾向、文字风格等，还可以推断作品是否为抄袭，或赝品、伪作等。

逍鲲：看来模仿一种写作风格，必须考虑用词的习惯和需求了。

爸爸：应该还有词的排列、句式结构、思想倾向等。

妈妈：但在信息技术中最常用的还是数据的聚类分析。聚类不同于分类，它所需要的划分方法是未知的，是将数据分成不同的类或者簇，即一群、一组，而数据分析是通过数据建模来简化数据的一种方法。

爸爸：数据储存在硬盘里，是以簇为单位的；在同一个簇中的对象有很大的相似性，而不同簇间的对象则有很大的相异性。从机器学习的角度来理解，簇相当于一个被隐藏的模式，聚类就是搜索簇的一个无监督学习过程，也是一个不依赖预先定义类的思维训练实例。

妈妈：即便多数人还没有掌握好聚类的技术方法，只要经常有聚类的思维意识，就会慢慢修正原先习惯性、单一性的归类与归因的思维模式。

《红楼梦》中的逻辑与思辨

爷爷：1644年清兵入关，1744年曹雪芹写成《红楼梦》，刚好是一百年。《红楼梦》的研究，从1904年的王国维发表《红楼梦评论》作为起点，到20世纪90年代末至21世纪初又掀起的一股“红学”研究热视作暂时的终点，对《红楼梦》的讨论与争论却也达到了百年。

奶奶:《红楼梦》研究开启了中国现代学术研究，王国维的《红楼梦评论》最具代表性，另外蔡元培的《石头记索隐》、胡适的《红楼梦考证》分别为红学的小说评论、红学索隐、红学考证等方面建立了学派典范，这在中国文学史上具有奠基的意义。

爷爷：百年红学有一个非常奇特的现象，中国近代的许多一流人物都卷入其中，是学术界“打架”最多的领域，也是留下公案最多的领域。如果只是单纯从学术上来看红学争论，都能使不少研究者望而却步，担心一旦陷入，不能自拔。有人就发表过《怕谈红楼》的文章。

奶奶:红学的研究确实博大精深、高标卓识。王国维是从作品的美学、精神、价值、伦理等多个角度来评论红楼梦。蔡元培则认为红楼梦是甄贾即真假两个宝玉的底本，隐去自叙者的事、忏悔中的我，即书中男人皆为满人、土做的，女人皆为汉人、水做的，以此来吊明朝之亡、清朝之失，而对汉人名士仕清者，痛而惜哉。

爸爸:《红楼梦考证》的关键点是:写谁？谁写？是政治小说、言情小说，还是自叙传记小说？考据从史料、版本、点评、历史等多个角度着手，都是在设法去伪存真。

妈妈:我读过俞平伯的《红楼梦辨》，内容是:续书的依据、原本的回目、版本的比较，以及作者的态度、作品的风格，通过年表、地点等细节对之进行评述，思路实为清晰，用心何其良苦。

奶奶:周汝昌则是现代红学的开创者、集大成者,同时还创立了曹学、脂学、探佚学三大红学研究分支。

爷爷：红学研究形成了考证派、索隐派、评论派、观念与方法派、封建与阶级矛盾派等多种观点与思想，甚至对《红楼梦》中的梦、情、爱、禅机、诗谶、偈言、红尘、风月等都有专门研究。还有从另处、大处、高处着眼的，如王蒙的《红楼梦启示录》、刘梦溪的《红楼梦与百年中国》，而后者还总结了红学的九大公案、四条不解之谜和三个死结。

爸爸：如果换一种逻辑方法或技术手段进行研究，又会如何呢？如对《红楼梦》前80回和后40回在虚词用法上的习惯与偏好，就可以探索到是否有模仿及模仿何种写作手法的启示。又如，用自然语言处理技术和机器学习的算法对《红楼梦》进行分析，把每个章回映射到三维空间中，从而比较各个章回的用词量及其组合关系，如对用词的组合度、关系度、自由度、离散度等进行多种方法的考据。只要采用大数据和不同的聚类方法，一般都能找到有效的线索。

妈妈：我见过一个数据，统计小说人物出现的频率，如宝玉3983、凤姐1741、贾母1675、黛玉1370、袭人1144、宝钗1079等，从这些数据中至少可以看出作者的叙述倾向。

道鲲：看来深度学习与大数据处理已深入文学作品中，如果能像AlphaGo Zero，采用一个事先不打“标签”、不设有先验性的算法，那又会是怎样的一种红学天地呢？

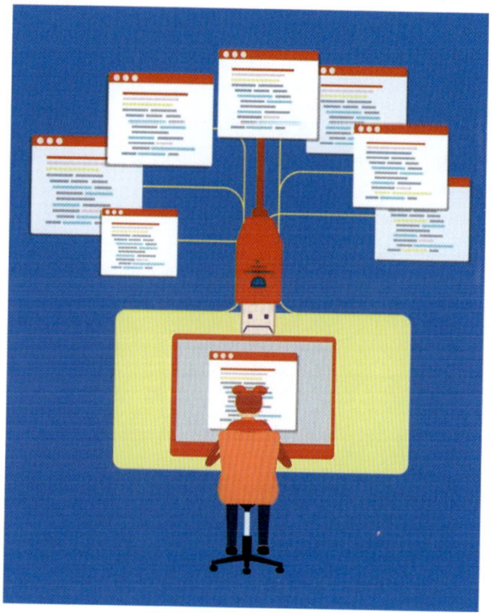

封装与接口技术的定义

逍鲲：前面的讨论经常提到封装与接口，那什么是封装与接口呢？

爷爷：现代社会货物与设备在运输、交接、出入库的过程中，由于品种规格的复杂与多样性，在包装中都会采用分门别类或按特殊要求的封装技术。封装技术不仅使货物所占空间得到优化、缩小，也保障了货物在运转过程中的安全性，如防破坏性与防盗性等。封装还有利于货品开启后的交接、存放与安装。

爸爸：封装技术是一种运输的优化，也是一种信息化技术。封装后的产品说明书、二维码、拆封或安装说明等，就是封装后信息如何与外界进行交流的一种接口技术。

奶奶：将文件资料，根据要求进行编目、分类、打包、存档，实际上也是一种资料和信息的封装技术，目录、主题词、索检方法则成了接口技术。接口技术是为了更方便使用被封装后的各类信息。

爷爷：在大型寺庙中埋藏法器和舍利的地宫，以及达官贵人和皇帝的陵墓等也是一种封装技术，但却不想给外界留下任何信息的接口。而在各种“密码”使用时，则必须留下唯一的接口，译码是应用这个接口，破译是设法打开接口。

爸爸：在电子技术中，所谓的封装技术是一种将集成电路用绝缘塑料和陶瓷材料的打包技术。芯片必须和外界隔离，芯片封装技术经历了好几代的变迁。这里所指的技术包含了工艺技术，而接口技术是指将内在的逻辑如何用到淋漓尽致。

逍鲲：看来封装与接口技术真是无处不在。

爸爸：计算机技术中的“类”是面向对象的程序设计，也是实现信息封装的基础。定义一个类，然后放在新建的文件下面封装起来，其实就是将代码封装成一个应用软件，也是一种程序被封装的过程；也可将“几个软件”封装在一个界面中，待到使用的时候，去用某种规则打开。封装使得代码更简洁、更易懂，所以封装也是一种功能性的集合，一种逻辑的梳理。

逍鲲：我明白了，信息形成后都会以一定的形式被封装，大多只是我们没有意识到。

爸爸：封装后的任何物件和信息，即便很好，没有好的接口都会失去意义。接口是软件系统的不同组织部分，进行相互衔接的约定，同时使得各自的职责得到合理的切割划分。一个良好的接口设计可以降低各系统部分的相互依赖，提高组成单元的内聚性，降低组成单元的耦合程度，从而提高系统的维护性和扩展性，这就是采用封装与接口技术的优势。

妈妈：有时也是为了把逻辑划分开，以便各尽其能、减少相互影响、提高运算效率，其实在数学推理中也会运用到这种思维方法。

奶奶：看来在人的思维逻辑中，同样存在这样的原理和机制。养成用逻辑化的信息体系进行“封装”知识的习惯，不仅有利于开启逻辑工具去接口各种信息，更重要的是可用这个接口去打开被自己有意或无意封装的知识结构。

爷爷：同时也是一种培养人进行理性思考的机制与途径，也是进行“反思”的一种技术手段。

封装技术的结构逻辑

爸爸：容易被人忽略的，是获取到的知识与形成的思维模式，被自己的下意识甚至潜意识进行了“封装”。在人工智能和深度学习技术出现之前，人无法认识和理解意识形成前的信息加工过程。任何学到的知识以及形成的结构与模式，其实都被封装在我们的脑海中。如果没有刻意去训练逻辑接口，随着时间的推移，这些信息之间的各种关系不是被遗忘，就是难以非常清晰地进行再梳理。

逍鲲：我理解了，人在此时会凭借情感作为接口，用思维的惯性去进行信息加工。

妈妈：其实知识的封装办法，有的会偏重于各种关系和结构，或许也是一种逻辑；有的则是学习时的书本章节或是某种情节；也有的并不具备明显的特征，只是一种碎片型的信息。随着时间的推移，没有特征值、逻辑关系、网络结构型的知识都非常容易被遗忘，而这些都可以理解为没有梳理好逻辑接口而被封装的信息和知识。

爸爸：在封装知识的时候，最为简便的方法就是寻找关系与结构的逻辑。要善于从各种关系着手，即事物关联的原因、方法、状态、性质、程度等。如数学中的函数、线性、映射、全域等关系；音乐中的音程、和声、结构、织体等关系；计算机技术中的集合、模型、运算、数据等关系。

妈妈：例如，我们就从汉字的结构、关系、编码等着手，寻找系统与逻辑关系，就可以提高对汉字的记忆、理解及应用能力。

爷爷:包括佛教中的“果由因生、事待理成、有依空立”，以及“相、乘、戒”“戒、慧、定”等因果思辨逻辑关系。只要找到关系，不仅会提升对知识的理解，而且会极大提升知识中具有某种逻辑关系的记忆。

爸爸：如何进一步寻找关系的描述方法，是为了方便构建关系的结构和模式。例如，在各类关系思考时，有些关系可能是相对的，而“相对性”的逻辑思考常可采用的方法是将其变换一下，就可能到另外一个格局、框架，甚至是另一种逻辑体系中，找到更为方便的剖析与解释方法，实际是寻找逻辑方法和思维模式的相关性和一致性。

妈妈：如能上升到数学的层面上理解，有时候会非常透彻。例如，可以用一个低维的乘积去构建高维的空间，使表达的深度和内涵得以拓“张”，这就是“张量”数学的思想。其实矢量就是标量的张量，而矩阵又可理解为矢量的张量，这也是深度学习的一个重要思想与概念。

爸爸：所以对知识进行更高层次、更为深刻的逻辑封装，是为了寻找到更有利于信息解读的方法或加工接口。

逍鲲：按我目前的知识结构和思维能力，还很难有效地开展与实践。

爸爸：有时没有必要去钻牛角尖，即便你还没有完全理解，只要肯实践，会有“更上一层楼”的感觉。特别是在想要创意时，主要途径就可以利用已经存在的静态信息，去寻找到合理的、有价值的、便于信息再加工的接口，同时又启动自己的逻辑接口、挖掘自己思维中的动态信息。

妈妈：所以要提高创意的能力，必须平时善于对已经学过的知识进行反复构建、网络梳理、逻辑封装，没有这种基本功，很难实现创意和创新。

嵌入技术的意义

逍鲲：学习计算机时常听到“嵌入式技术”，什么是嵌入式呢？

爷爷：嵌入，最为直接的理解就是一个物件埋入另一个物件中并被固定住。在纯硬件中的嵌入是一种技术需要，如刀刃，或是艺术追求，如金银珠宝的镶嵌装饰等。

爸爸：在计算机技术中，嵌入的是微处理器。对外交互需要一定形式的通用设备与接口，具有控制、监督、辅助操作机器和设备装置。嵌入式技术是利用分立原件和集成器件，进行电路设计、结构设计，并进行软件编程、模拟实验、设计制作，最终完成整个系统的开发。

逍鲲：在计算机应用中的嵌入式主要是硬件技术还是软件技术？

爸爸：嵌入式技术不是单纯的软件技术，也不是单纯的硬件技术，是一门在一个特定的硬件环境上开发与构建特定的可编程软件系统的综合技术。事实上，所有带有数字接口的设备，小如手表、大到汽车都在使用嵌入式系统。有些嵌入式系统还包含操作系统，但大多数嵌入式系统都是由单个程序实现整个控制逻辑。

奶奶：人的器官移植，可不可以理解也是一种嵌入式技术？硬件是手术，软件面对的则是克服排他性，解决植入后如何使其融入原有的生理系统之中。人工耳蜗是个仿生装置，让其中一部分装置植入即嵌入体内，将声能转换成电能刺激脑听觉神经。

爸爸：现在“人工视觉”的一种电子眼也是通过植入的芯片，将光信号转变成电信号刺激视网膜神经组织。人体芯片技术现已用于辨别携带者身份、保存医疗信息等方面。嵌入式的核心是将植入的芯片融入人的体系中，实现某些信息的共同管理，但要理解前两者是替代，而后者则是拓展。

奶奶：思想灌输实际也是一种嵌入性技术。如《圣经》的中心思想被归纳为：“文字事之所载，寓意信之所赖，伦理行之所依，末世心之所望。”简言之，是用“理载、信赖、行依、心望”这样一种系统思想设法植入人的情感之中。

爷爷：佛教无论是追根创底的“苦、因、灭、道”四谛，还是“著与信、惑与解、业与行、报与证”的四分说法，皆是如此。

爸爸：一个相对完整的思想或逻辑体系，也可理解为一个软件型的“芯片”被植入即嵌入人的思维与情感之中。在思想方法的“嵌入”中，特别要理解，自己的思维是在被替代，还是一种拓展。

逍鲲：我的理解是，知识被构建成的体系越是清晰、完备，且更具有逻辑性，就越是容易被嵌入人的思维之中。

爸爸：当然还存在接口问题，特别是在情感的接口上，如教堂的神圣感、庙宇的神秘感，其实都是在加强对人的情感嵌入。

奶奶：嵌入式思维特别需要理解的是，有一定需求但却不愿主动融合，即带有一定排斥性的情感。在现实中最为常见的是，如何主动去接受带有思想碰撞的信息或情感。思维模式不被理解与接纳，在潜意识中往往是情感因素，此时可以通过寻找逻辑接口，即进入较为理性的状态。

逍鲲：我理解了，这是知识被封装后为何要多留下逻辑接口的必要性，可以减少或防止过多的情感进入人的理性思维之中。

人工智能与深度学习的探索与解码

逍鲲：通过这么多次讨论，我理解了两条基本逻辑线：首先，在信息对称时代，人的认知方法应该从知识的积累进入信息加工技术；其次，人工智能与深度学习理论可以帮助我们理解思维如何实施技术化。

爸爸：理解得很正确，现在大家是否可以讨论一下第三条逻辑线，即人如何真正地认识自己，只有如此才能更好地改变与提升自己。

逍鲲：是不是还是应该从哲学开始，可以对问题理解得更为深刻？

爷爷：说得很好，因为哲学是对人类共同的认知规律进行研究。

奶奶：心理学是从哲学中独立出来，是对个体的认知进行研究。

妈妈：我很清楚地记得中国著名哲学家冯友兰说过的一段话："哲学是人创造的，也是提供人享受的，达不到此，你是空说、白说。哲学是锻炼人的思维，发展人的精神世界。"

爷爷：哲学从研究"人与自然、主体与客体、思维与存在"的本体论进入康德所说的"让事物向人的认识看齐"的认识论。前者是从人的主观认识客观世界的方法论，即通过理性推理和逻辑思辨去研究不能直接通过感知得到的答案；后者是在人的主观世界里如何形成科学认知的方法论，大多认为是从德国古典哲学的创始人伊曼努尔·康德开始。康德认为知识"源于经验、始于感性、达到知性、终于理性"这么一个将经验转化为知识的理性过程。理性是人进入最高境界时的综合能力，难以绝对达到，所以才有"彼岸"（事物的本身）和"表象"（人的感知）两个世界。无论是哪种哲学都在探究和拉近这两个世界的距离。

奶奶：哲学的认识论促进了心理学的发展，同时也提供了许多理解人类思维与认知的理论与思想方法。

爷爷：确实如此，其中颇具代表性和影响力的就有很多。如叔本华的"生存意志论"，人的理性和认知起源是服从于意志，而人的意志最本质的则是情感和欲望。尼采的"权力意志论"认为，人为了谋生图存，而成为环境的奴隶、服从于权力的意志。弗洛伊德的"精神分析论"则认为人的认知是一个从无意识、前意识到意识的精神过程。特别是弗氏提出人具有无意识——一种被压抑与非理性的冲动或欲望。所以人的认知、行为都是由愿望、动机等精神因素所决定，最终形成了具有本我、自我、超我所构成的人格。以胡塞尔为代表的现象学，用心理法则来研究逻辑学，如情感归因等。现象学关注的是呈现于现象的经验以及经验的本质，而心理活动则是引发知识结构的总根源。

爸爸：哲学的发展仍然留给我们许多思考，如事物显示给我们的与它真实存在的有区别吗？人的感知能力与事物显示给我们的有区别吗？人的感知能力与人类对此能力的理解与评判有区别吗？等等。

逍鲲：上述大家讨论的，有些还有待于我们进一步通过人工智能与深度学习等技术方法去探索与解码，有些则需要人在不断改变思维方式与认知模式中去诠释与剖析。

爷爷：哲学无论是以亚里士多德与“形而上学”等为代表的本体论，还是以康德与“哲学领域哥白尼式革命”为代表的认识论，以及以弗雷格等的语言、分析哲学与现代数理逻辑为代表的哲学技术化等，都需要一个永恒的发展。只有哲学的不断进步才能促进人的思维方式和认知能力的拓展，特别是哲学的思辨方法能够真正做到为己所用。

哲学与心理学的逻辑思辨

道鲲：前面我们经常提到哲学和心理学，对于我，又该如何用最少的时间去学好心理学呢？

爷爷：有人形象地比喻哲学是心理学之父，永远引导着它的发展；生理学、神经科学则是心理学之母，不断孕育着心理学。首先是理解好学科方向、知识结构、思想方法以及其关联。

爸爸：数据科学、人工智能与深度学习技术也都在不断地渗透与融合到现代心理学。

奶奶：我们普通人最为关心的还是人的心理现象，即心理活动的表现形式，它又分为心理过程、心理状态和心理特征。心理过程是心理活动发生、发展的一个动态性表现过程。

道鲲：那什么又是心理过程呢？

奶奶：心理活动过程主要包括认知、情感、意志，也是大家熟知的以“知、情、意”三字为核心的普通心理学。认知过程包括感觉、知觉、记忆、想象、思维等，实际也是一个信息获取与信息加工的过程。情绪和情感过程是一个人在对客观事物的认识过程中，表现出来的态度体验；而情感又和人脑的神经递质有密切的关系。意志是人自觉地确定目标，并调节自我，实现目标的心理倾向及其过程，而意志力和意志品质也就发展成为人的一种精神生活。

道鲲：心理特征与心理状态又是指什么呢？

奶奶：心理特征主要是指人性、人格特征和性格素养等，属于一个人的个性心理，也是我们后面需要讨论的主要内容。心理状态是心理过程和个性心理特征连接的中间环节，具有现实性、综合性、流动性、趋变性等特点。

道鲲：怎么才能使自己更为深刻地理解与掌握好心理学呢？

奶奶：传统的心理学研究还是以“黑箱”为主的方法，用不同的理念指导、案例分析、模型实验、方法实践，从而形成不同的理论体系，但不少结论还是会殊途同归。当前心理学支撑的理论基础比较广泛，如有以刺激与反应、学习、动机、行为研究为主体的行为理论；以人的意识、前意识、潜意识、人格发展、行为异常等开展探索的精神分析理论；对人的天赋、潜能、人格发展、心理治疗、自我实现等方向研发的人本理论；有对信息和知识处理、认知模式形成、智力发展机制等开发与构建的认知理论。

爸爸：现代又有以脑科学、神经科学、生理心理、神经心理为核心的生命科学理论，这是思维研究的“白箱”方法；特别是以无监督学习、机器学习、深度学习与大数据等为手段的现代学习理论与技术的研发，对思维的探索进入到了模拟化、数据化、逻辑化、技术化的新高度。

逍鲲：前面学习人工智能和机器学习的目标是，设法寻找改变思维的载体和工具；而现在学习心理学则是为了解读与反思自己，真正理解哲学中“我是谁、从哪里来、向何处去”的根本问题。

人类思维的技术思辨

道鲲：我们讨论了很久，是否可以理解为，探索一条如何让人更加聪明的道路？

爸爸：正是啊！人类对于智慧，主要是对人思维的解读与剖析，既道路漫长且永无止境。思维是认知和智力活动的过程，也是一个信息被加工的过程。一般是由人的大脑借助于各种语言或某种符号系统对事物进行概括，并做出间接的反应。同时也是以感知为基础又超越于感知界限的活动。

道鲲：所以语言对思维产生影响。

奶奶：思维是在神经元和神经递质的作用下，信息经神经兴奋后产生的传导与抑制的过程。在这个过程中，人脑在具有遗传性的神经网络的作用下，通过大量具有差异性的生活积累形成了审美情趣，用各自的人生阅历锤炼了价值取向，在不同环境的践行中培育了自我认知，在多样性的学习与思考中构建了认识模式，等等。

爸爸：思维从人工智能思想方法上理解可以是一种状态空间，从数据与信息上理解是算法和加工技术，从神经科学上理解是神经元如何产生兴奋、传导、抑制的过程，从教育学与心理学上理解则是审美的意识与情趣、价值的判断与取向、自我的理解与剖析、认知的模式与方法，等等。

爷爷：问题是如何将上述的思想与方法有机地融合，对思维方式寻找更为深刻与清晰的认识。

道鲲：作为社会上的一个普通人，没学过那么多的专业知识，又将如何去认识自己的思维呢？

奶奶：无论是用什么理论和观点来探索人的思维，但有一点却是殊途同归的，即思维模式在一定的环境下形成后，都是通过人产生的情绪和形成的动机，以表情、行为、习惯、技能等形态表现出来。

道鲲：能否以一个具体问题或一种现象来诠释一下人的某种思维方式？

妈妈：这里我们以人类最普遍的情感与思维来讨论一下什么是“爱情”吧。如简单地理解可以用“两情相悦”来描述；其实是在爱的过程中，有了眼缘、且又能对上眼的，是审美意识与情趣的结果；而找到了共同语言且情投意合则主要体现在价值取向上；对未来进行的考量、利弊得失的权衡、细节问题的估算，一般采取的方法是“两利相权”，而实际上反映的却是认知能力，现代婚恋观，明智者还会去考量“两商相度”，这就可以理解为一种理性的思考了。人是在上述这些思考中，最后决定自己的选择。上面只是一种解读方式，不存在决然的界定，每个人对此思考的方法、角度与重心也都不尽相同。

逍鲲：那什么是“两商相度”呢？

妈妈：这里的“两”既是指男女双方的二人，也是指两个“商”，即人的智商和情商；而度指的是拿捏与考量。

逍鲲：什么又是智商和情商呢？如何去评价呢？

奶奶：智商简单地理解，是一个人智力的测试结果和同年龄人相比的商数，也就是智力的高低；而情商是指情绪智力，即控制自己情绪的能力与智慧。

智力与智商的逻辑与思辨

道鲲：我们该如何理解人的智力和智商呢？

奶奶：对“智力”的理解，是指人认识与理解客观事物并运用知识与经验等解决问题的能力。智商，即智力商数（Intelligence Quotient，简称 IQ），系人智力测验成绩和同年龄被测成绩相比的指数，是衡量个人智力高低所确定的一种标准。

道鲲：用什么样的方法去评价一个人智力高低、智商大小呢？

奶奶：1905 年，法国人比奈-西蒙编制了世界第一个智力量表；1916 年，美国人韦克斯勒编制了成人智力量表。量表是用一套非常识性的知识及非常规性的思维模式，以尽可能避免经后天学习所产生影响的试题集，通过推理作答、给出评价。

道鲲：评价的方法又是什么呢？

奶奶：以一般与多数人的平均智力定为 100，将区间值定在 85～115；但大多认同在 90 ～ 110 之间较为合理，所占比例约为 50%；80 ～ 90、110 ～ 120 各占 14.5 %；70 ～ 80、120 ～ 130 各占 7 %，60 ～ 70、130 ～ 140 各占 3%；60 以下、140 以上各占 0.5%；呈一种正态分布，所以智商值具有相对性。

道鲲：如果用到现实中，情况又是如何呢？

奶奶：以群体为例：犹太人智商最高，在 110 以上；德国 109；荷兰 107；波兰 106；欧洲与东亚人 105；东南亚与北非 85 左右；最低的俾格米人不足 60。以个体为例：据了解，最高的人为 230，达·芬奇、牛顿应在 200 左右。有人分析，当前清华大学大多数学生的智商应该在 120 左右。英国的门萨俱乐部是一个高智商人的沙龙，门槛定在 140。如不思进取，许多人成年后，除了阅历和经验外，智商可能不如 14 岁的孩子。

道鲲：智商高低在日常生活中能体现出来吗？

奶奶：如智商差距为 10，在日常生活中几乎反映不出来，但在专业性强的知识领域中，会形成较为明显的差别；达到 20 及以上者，大家都能感受到。

道鲲：智商形成差别的原因又是什么呢？

奶奶：影响因素有遗传、环境等，特别是母爱和早期教育。有母爱和良好教育的三岁孩子和情况完全相反的孩子对比，经韦克斯勒智力测验，智商差距达到了 30。孩子在三岁时已完成了脑发育的一半，所以不要低估了他们的智力。

逍鲲：我们能了解到遗传和基因对智商的影响吗？

妈妈：微基因测试已经商业化了。在测试中有祖源分析，如智人进化亚种尼安德特人的基因就会影响到健康，可以在人的第三号染色体上检查到对尼古丁的依赖。又如，运动基因，能检测到热量摄入倾向、运动饮食对体重的影响等；遗传特征，可检测到饮酒脸红、苦味敏感度、吸烟上瘾倾向、避错倾向、绝对音准等方面；另外还有营养代谢、皮肤特性、遗传性疾病等。

逍鲲：是否可以检测到人的认知和情感上有关信息呢？

妈妈：可以，如在心理特质上，可以对情绪的稳定性、外向性、开放性、宜人性、尽责性等人格特色做出一定推断；在认知上，从执行、空间记忆、情景记忆、言语记忆等方面做出判断；在情感上，则从积极情感程度、抗压、主观幸福感、抗职业倦怠、人际关系焦虑等方面切入分析。基因测试已从另一个视角去认识人的情感和思维。

逍鲲：看来很有必要去做一次基因检测，让我更好地认识自己。

情商的逻辑与思辨

逍鲲：我对智商有了一定的认识，能否再让我更深刻地理解情商?

奶奶：情商（Emotional Quotient，简称 EQ）是对人情感的一种判断，通常是指情绪、意志、性格、行为、习惯等。情商是“自我意识”的能力；哲学上解释则是一种反思能力，即能对自己的情感、思维与认知等进行思考，主要表现在对情绪的调控力、意志的提升力以及受挫时的坚韧性等方面。

逍鲲：情商是否有计量的标准呢?

奶奶：情商是近年才提出和智商相对应的一种概念，在测评的完备性和一致性上尚存争议。现多数的解释为：90 分以下情商低，90 ～ 129 为一般，130 ～ 149 为较高，150 以上属于高情商。

逍鲲：那么人的情感机理又是什么呢?

奶奶：情感是人的脑神经得到暗示或感官受到刺激，而促使神经递质兴奋与神经元对信息进行传递、抑制的过程。上述过程是在人的意识前发生，故理解为前意识；而被激发出来的、自己一时都无法理解的则是潜意识。从一定意义上，情感左右甚至决定了思维，“屁股指挥脑袋”“一根筋”“境由心生、物随心转”都是此理。

逍鲲：情感形成的原因又是什么呢?

奶奶：人的情感除遗传因素外，主要取决于家庭环境、教育背景、社会风俗与文化的影响。所以人的情感会和上述三个主要因素有很多的相关性和认同度，通过认知、审美、价值观等反映出来，并和社会的文化价值取向相融合。如果人的认知和社会大众普遍性的情感产生太大的偏离，形成行为、性、文化等取向的异常，斯德哥尔摩综合征就是其中的一种特例。

爸爸：人是群居性的，所以人具有社会性，对社会和他人的情感就会成为判断情商高低的重要指标。调控与改变自己情感并融入社会的能力，远比智商更为重要。大多数观点认为，人成功因素的 80% 取决于情商；同时提升智商的难度也远大于情商，所以教育上最大的误区是忽视了对人情商的重视和培养。

奶奶：培育人应该从婴幼儿开始，重点是在情感教育的启蒙上，在兴趣中引导、快乐中成长；在这个过程中，培养敬畏自然、生命和规则；懂得羞耻感和自尊、自爱；在耳濡目染、潜移默化中理解何为是非；从行为习惯养成中去规避不良、懂得亲疏。

妈妈：是否可将孩子的情感启蒙教育简单归纳为有“敬畏之心、羞耻之感、是非之辨、亲疏之别”？

奶奶：可以这么梳理，情感教育后，则应是逻辑的训练与培养。

逍鲲：我已经理解了，在思维与判断中要不断去寻找规律与准则，同时用更多的逻辑接口替代情感接口去进行思维。

奶奶：逻辑之后是格局，即看问题的高度、视野，做人的胸怀、志向等，没有高的情商很难具有大的格局，而人的成功大多又取决于人的格局。

妈妈：从另一个角度看教育：学龄前基本上是情感教育，小学是情感培养＋逻辑训练，中学是逻辑提升＋格局培养，大学是格局塑造＋专业构建；而知识的学习与积累既是目标，更是重要的育人载体。

逍鲲：我更明白了人成长关于“情感、逻辑、格局”的真实意义和内涵。

新时代的人才测评意义

逍鲲：有什么样的方法能够快速、便捷、全面地了解人呢？

奶奶：社会的进步，特别是时代对创新的需求，对人的了解也需要更为精准、深刻；从传统的考试与考核变成了心理测试与人才测评，而测评经常用到人格的概念。

逍鲲：常听人讲到“人格”，那什么是人格呢？

奶奶：格的意思是既可划分又能区别。认识一个人的“格”一般都是从性格开始。性格是一个人长期且不断与他人、环境、自我等之间交流、互动而形成的，具有各自的独特风格又呈现相对稳定的认知和行为模式，同时也会伴随人的一生。性格被比喻为“江山易改，本性难移”，如想做一定的改变或优化，则需要一套科学的方法和顽强的毅力。

妈妈：测评实际就是探究你性格中的关键点，即价值取向、认知模式和行为风格，而这些都是你在过去形成、今天呈现、明天还会去复制的；有些甚至连自己都无法理解，所谓“人不了解的往往是自己”。

逍鲲：我已认识到人埋在最深处且难以观测到的是遗传基因，以及后天所形成的各种潜意识；在其上的是人的价值观念和自我认知。

奶奶：正是如此，这也是测评中最想分析到的且最有价值的部分；再表层的是在一定的信息或环境刺激下所形成的意识、心态和动机，这是测评所针对的主要部分。上述三个层面的信息都是他人无法直接观察和了解到的。

逍鲲：人很矛盾，想了解自己又怕了解自己，不敢面对所谓的“隐私”，更怕他人窥探自己。

奶奶：有些是因为存在自卑感和缺乏安全感，了解自己其实是为了内心更强大。人的动机形成后，便产生了认知、判断和行为，而这些规律都可以通过各种测试手段捕获到；其中有些认知和行为会具有特定的风格和惯性，有些则变成习惯，这些相对容易观测与分析到。

妈妈：人的情感素养、认知能力、行为习惯等决定其学习知识的深度与广度、技能训练的高度和难度；而形成的知识与技能所掌握的程度，可以采取考试与考核等办法。

奶奶：人的评价可以考核其知识和技能，观察行为和习惯，测试能力和了解阅历。测评则是用最短的时间、最简洁的手段，并具可操作性和解释性的方法，做出更为深刻和全面的判断；特别是对埋在人灵魂深处的东西，就像海洋浮冰沉在水平面下的那些部分，而那些又往往是真正了解人、改变人的关键。

爸爸：通俗一点儿说，测评就是窥测现状、解读过去、剖析实质、预测未来。作为企事业单位的测评目标主要还是用好人、用对人。企业开展的“人才盘点”，其实是对员工一次全面性的“脑检”及相应的优化处理。

妈妈：学校开展教育测量的目标是：了解人、培养人、塑造人。作为学生个体则是一种自我认知、理解自我、塑造人格，以求更快进步。校园测评教育还有利于大学生进入社会后，尽快适应应聘和岗位竞争。

人格测试的思辨方式

道鲲：学习了测评和人格的基本概念，很想对人格做更深入的解读，为自己树立一个明确的进取目标。

爷爷：站在人格的特质上，会偏向“江山易改，本性难移”的立场；从人格的培养上，则会重视，“染苍则苍，近朱者赤”的思想观念;在人格测验、人才甄选等方面，更多关注人格的差异性；而在临床诊断、心理辅导上，则会更注意其规律性与工具性。

奶奶：如从社会的价值观念以及人格与行为的分析着手，还是从当前比较流行且认识上又相对一致的“五大人格”理论为主线，并和其他一些观点及测评技术相结合，做一个相对深入的讨论，以便从整体上加深认识。

道鲲：我已经记住了五大人格，但最关心的还是人的内向性和外向性。

奶奶：内外倾向是人的自我意识。现有一种观点，不少人是内外向兼而有之、偏中间。外向型表现为精力充沛、乐观、友好自信、善交际，培养不当易轻浮；内向型表现为含蓄、自主、稳健，发展不好则会保守封闭。如两者只能取一，当前用人单位大多倾向于外向型，因为更有利于团队建设和业务拓展。

道鲲：我明显偏外向型，所以要防止浮躁。开放性的优势又在何处?

奶奶：思维开放实际上也是人的情感归因和认知迭代的能力。情感单一化、认知模式固化且不能迭代，肯定没有创造力。作为测评和培养的着眼点都是在思维的深广度上；广度是前瞻性，如对不确定性、或然性、偶然性等的态度，是否具有尝试和探索精神等；深度是对知识、知识结构包括学习方法等的探究，以及对问题质疑、溯源、求真等的习惯和立场。

道鲲：我习惯于必然性、确定性思维，缺乏对不确定性、或然性等思维方式的理解。严谨性又主要体现在何处?

奶奶:主要在于务实,而务实是做事讲条理性、程序性,有秩序感、节奏感,特别是对细节的关注度，对问题质疑和求真的追求度，对动手和实践的态度等；做人的自律性、自控力及恒心；对于高潜质人的判断和培养要重视对数据、逻辑、推理等方面的能力，而作为测评的另一面则针对的是常识、经验、直觉。

道鲲：我的弱点在如何去关注做事的细节与效率、培养喜欢动手和勇于实践的观念等。稳定性又如何去判定呢？

奶奶：关键在情绪上。情绪性也称神经质程度，是日常的心态、体验时的情绪反应、成就的动力，也体现在如何对待任务、责任、人际关系、困难及各种压力，包括对环境的适应能力、独处能力、责任感、主动性、守规性等。守规不完全是道德素养，也是一种情感归因的能力；反之，道德培养同样有利于情感的健康发展。

道鲲：我明白了“道德提升可以弥补智商的不足”这句话的逻辑性。宜人性由我来回答，肯定是待人亲和、助人为乐、富有同情心吧。

奶奶：对，还应该是积极乐观、有社交自信、善于寻找共鸣点、具有乐群性，人际关系敏锐、有感知对方情绪的能力，能说服他人，具有影响力、支配力，有共享共处的能力等。

道鲲：五大人格理论不但具有社会性，其实也反映了人的智商和情商，从中我也看到了自己思维和情感中的许多问题。

爷爷：今天对话的最大意义还在于，培养了反思的意识。

测评案例分析与解析

爷爷：有人类社会就有对人的觉察和考量。对人性的了解可以在日常观察的积累中形成，所谓“日久见人心”。通过学习或具有丰富的阅历也可以根据人的某些特征，做出一定的判断，这是“慧眼识人，知人善任”等。在破案时对付嫌疑人有时还得使用测谎仪器或借助于测谎专家。

奶奶：要科学、客观并具有量化性地评价人，必须依靠测评工具。测评工具是建立在系统的理论基础上，并有可靠性数据、案例、模型等支持；同时还得建立效度、信度分析手段和常模支撑。如果是问卷测试法，在题型设计上，不仅要尊重应测者的感受与解读，还得考虑出题意图的隐蔽性、歧义性、不确定性，以及测试工具和被测人之间的博弈性，即防范人为性地应付测试，要设计好测评方案整体间的相关性和一致性等。测评不同于一般知识性考试和技术性考核。

逍鲲：其具体方法又是什么呢?

奶奶：测试方法可分为两类，即类型论和特质论。类型论是根据大量的案例和数据，经逻辑演绎、分析、梳理、归纳后，把人的性格分为若干个类型，并对每个类型赋予一定的内涵与定义，被测者的结论只能属于其中的某一个。类型论直观且便于解读与进行比较，因为有框架所以描述过于笼统。特质论是用多个最能描述人性格的基本特质，并用对立两端或采取若干个便于比较的量化指标等方法联系起来构建一个网络维度，用相对完备的多维体系对被测者进行描述。特质论描述细致、信息量相对丰富、针对性强，但是不利于整体比较与掌握。

逍鲲：能否举个测评的案例，让我有一个更为直观的了解。

奶奶：这里先以一个相对直观和明晰，以人的气质类型划分法为例。为方便理解，借用数学里的坐标方法，即以一至四的序号为对应的象限数。横向坐标分别对应左边为外倾、右边为内倾；纵向坐标分别对应上为敏感、下为稳定。所呈现的性格特征，依次为：一、外倾与敏感构成胆汁质，热情、坦率，精力充沛；二、内倾与敏感构成抑郁质，多疑、善感，感情细腻；三、内倾与稳定构成黏液质，稳定、缓慢，安静顺从；四、外倾与稳定构成多血质，灵活、随和，乐观活泼。以上描述所用词既要考虑到有一定的区分度，但也要有相对性。

爸爸：气质是天生的，而每种气质类型均有优势和劣势，有时成也在此、败也在此，关键在于自己如何扬长避短。

爷爷：以我自己为例，是典型的外倾与敏感构成的胆汁质型。用通俗的语言解释为气质外向且不稳定，属兴奋型，感受性低而敏捷性、可塑性较强。其特点是情感发生迅速、强烈，动作较迅速、偏强而有力。这个类型的人大多比较热情直爽、精力充沛，但也容易脾气急躁、自制力弱、易粗心、情感波动大。

逍鲲：学习上述这些，有利于自我认知、自行评价，但不能放大了劣势、弱化了优势。

人格测试的分类解析

奶奶：测评工具是为社会服务的，必然会融入社会需求的价值判断中。为了利于理解，再列举几个测试工具。DICS 人格测试，在纵横两个维度上，用外向与内向、感性与理性划分为：社交与影响型、支配与掌控型、分析与思考型、和平与沉稳型。

爸爸：很明显，此测评工具是从管理绩效、企业职位等对人格特质来进行描绘。

奶奶：九型人格测试分成三个维度九个类型：从人的本能维度上分出权力挑战、和平和谐、改革完美三型，从人的情感维度上分出助人服务、成熟成就、浪漫艺术三型，从人的思考维度上分出知识智慧、谨慎忠诚、快乐活跃等三型。

爸爸：此测评是从“行为原始动机”着手，理解人的动机与需要，在解读个人的行为习惯上，剖析自己的性格，并帮助解释他人以及人与人之间的不同。

奶奶：MBTI 测试是侧重在职业能力上，从定位、悟性、决定、态度四个维度、两种倾向上进行构建：在选择方法上的定位，分为外向与内向；在获取信息上的悟性，分为感觉与直觉；在处理信息上的决定，分为思考与情感；在输出信息上的态度，分为判断和知觉。上述的四个维度、两个选项，经交叉匹配则可以得到 16 个人格类型。当然还有其他一些方法，基本思想都是立足于将人的性格建立在理论支撑便于归纳及应用于实操上以进行分类。

逍鲲：上面都是类型论的模式吧。

奶奶：对！卡特尔 16PF 采用的是特质描叙法。16PF 以人特质的四个方向度进行分析：表面与根源特质；能力、气质与动力特质；个别与共同特质；体质与环境、遗传特质。四个方向再进一步梳理出了 16 个评价维度，即乐群性、聪慧性、稳定性、恃强性、兴奋性、有恒性、敢为性、敏感性、怀疑性、幻想性、世故性、忧虑性、实验性、独立性、自律性、紧张性。16 个维度基本覆盖了人的特质，只要试题巧妙、方法得当、常模真实，16PF 测试完全可以对人性做一个相对全面的描述。

爸爸：现代性格测试已和人的生理与神经结构、遗传基因等相结合，并应用大数据和人工智能等手段和方法，使测试进入了高度技术化。

逍鲲：我见过一个资料，荷兰阿姆斯特丹大学的“情感识别软件”对“蒙娜丽莎的微笑”进行识别与大数据分析，分别是高兴 83%、厌恶 9%、恐惧 6%、愤怒 2%。

奶奶：人的测试理论、方案、工具等，为我们更深刻了解人格与行为诊断提供了视角和方法，对学生的学习行为诊断开拓了思路和途径。

爸爸：随着技术的进步和学习观念的改变，实施人机对话、人机一体化的学习，计算机可以留下几乎所有的相关信息，这将为学习的行为诊断提供极为广阔的领域和空间。

奶奶：人格测试的技术还有很多，如结构化的面试、预案性情景的模拟、单一行为重复性测试、行为跟踪分析、细节与微表情观察等，现在都有了比较成熟的方案和工具。总而言之，现代社会人需要了解自己的思维和情感。

人格测评对人学习方式的指导

奶奶：人的测评和日常对人的识别大多都是从行为着手，故行为养成、行为诊断、行为纠正等，不但是行为科学研究的对象，也是教育、自省、修身等的重要手段。特别是探究行为、习惯、情感、性格的逻辑关系，对人的成长和终生都具有十分重要的意义。

爷爷：俗话说，“行为决定习惯，习惯决定性格，性格决定命运”，但人最关心的却还是行为和思维之间的关系。

奶奶：行为是机体受到内外刺激做出的反应，而习惯则和神经活动的联结模式相关联，所以改变习惯实际上是在改变一种模式。情感是感官的、机体的、心理的以及精神的感受，也是个体需求上的一种态度体验，情感与情绪是对行为目标和行为过程的生理评价反应。性格是一个人对现实、环境所呈现出相对稳定的态度，是通过习惯化的行为方式表现出来的人格特征。性格一经形成便比较稳定，但又非一成不变，是可塑的。人格不同主要是在性格上的差异。

爷爷：气质具有先天性，性格则是后天的；气质在于诊断后如何去扬长避短，性格则主要从行为的养成与纠正入手。如修身、修行是择善而行，约之以礼；目标虽然是德行，但其载体、途径大多还是得从行为开始。

奶奶：有一种观点，仅用 21 天时间去强化一种行为，一般会产生一定的倾向性，但形成模式联结、呈现惯性至少要半年的时间，且还得讲究方法、并持之以恒。纠正方法可以有意识培养、模式替代、载体重造、环境再建、关系调整、奖惩有度等。

逍鲲：我知道行为习惯的养成都是从小、从日常生活及细节处着手。

爸爸：其实是无处不在。如学习音乐，节奏是必须坚持训练并要求掌握好的一种基本功。从音乐的节奏到注重课堂的教学节奏、重视训练节奏，再到强化学习节奏，并不断延伸到生活节奏等。从音乐培育人的节奏感、律动性这个教学载体上，拓展到一个讲规则、节律，重秩序、程序的行为训练。

逍鲲：原来如此，你们从小就很注意培养我音乐节奏训练以外的东西，无论是对曲目的布置、时间上安排、重复之方式、预习与复习、小结和总结都十分强调一定的程序和规则。

奶奶：我们是从你的遗传、行为、思维中进行分析，你先天条理性偏弱，故特别注重强化这方面的训练。

妈妈：任何学习都可从学习的节奏性开始，如合理安排、重视步骤、讲究规则、遵循法则、强调效率、懂得优化等，一旦程序化了，便是习惯，一旦习惯形成了，便具有了惯性。

爷爷：习惯从严格意义上理解，具有双刃性，最后都会影响到思维方法的习惯与惯性，直至走入僵化。

奶奶：所以人的行为应该是从培养、养成到修正、重塑。

爷爷：我习惯于建立坐标、通过判断方向来认路。但因年老、眼神经病变，现在从获取的视觉信息中，已无法在自己的思维中建立具有坐标系的方向导航系统，但又没有养成寻找参照物确定方向的思维习惯。在方向感上的智力水平，可能还不如十岁的孩子。

逍鲲：我懂了，固化、僵化的思维是创新思维的死敌。

提升自身思维的逻辑与思辨

逍鲲：如果想提升自己的思维能力，是否有捷径可循？

爷爷：人的成长没有捷径，但可以设计一些路径，让人少走弯路。

奶奶：对孩子而言，应该站在以培育为主的角度，即对意识的培养、概念的建立、习惯的养成、逻辑的训练、知识结构的理解与搭建；对成人就应该是意识的理解或重塑、概念的修正或再造、习惯的理解或改变、逻辑的梳理或提升、知识模块的重构或拓展。

逍鲲：对我而言重点又在哪里？

妈妈：你已经长大了，但毕竟还是孩子，一切都还在不断积累与形成的过程中。但对意识和概念的理解与养成却不能有丝毫怠慢，因为它不仅关系到行为、习惯、认知、情感的形成，有些还会伴随终生。

逍鲲：为什么人的意识和概念的形成会如此重要呢？

奶奶：意识是对外部信息的觉察，自我对外界的关注程度，也是自我感觉和外部感觉的综合。意识是情感进入一种本能的状态，且又具有识别性，是一个发自本能—形成情绪—产生思维的过程。

爷爷：对身边有些信息充耳不闻、视而不见，是一种选择性失聪或失明；发展到熟视无睹、置若罔闻时，已是意识形成了误区；当发展到麻木不仁时，实际上已失去了对该类信息、事物的情感，当然也不会有相应概念的建立，可能已走到了偏执。而有些则是为了证明自己正确，而故意不做和自己相左意见的选择，这属于价值取向，甚至是人格或道德问题。

妈妈：意识的培养对人很重要，如有了安全意识，就会减少事故发生的概率；有了法律意识，永不会丢失做人的底线；有了危机意识，常会去居安思危、防患未然。没有意识，就没有思维。

奶奶：意识就是一种情感，有了意识才能本能地进入相应的思维，而概念是进行思维的基本元素。从心理学的角度理解，概念是人脑对客观事物本质的反映，这个反映是以语言的词或符号或图像等来标志和记载的，也是标志在范畴结构中的一种位置认知。概念是思维活动的过程和产物，同时又是思维进行的基本单元。

爷爷：从哲学上，概念是人类认识过程中，从感性认识上升到理性认识，把事物的特征抽象出来加以概括，是自我意识的一种表达，是以概念的形式进行的一种思维惯性，也是人能意识到的那个部分。

妈妈：概念往往主导着人的思维，如坐标概念，是点在空间的位置，也是地图标注、方位确定等的具体应用。许多人学了坐标的相关知识，而无法在日常生活中确定方位，究其原因是没有建立一个完整的概念，因而无法以正确的坐标系统进行思考，只能寻找实物如建筑物等以帮助辨识方向。

奶奶：意识决定是否能进入某种思维，而概念则决定着思维的品质。可以这么理解，意识是在概念形成前的信息加工过程，概念则是在意识之后脑海中信息所呈现的状态空间。

逍鲲：概念被确立后，是否就完事了？

奶奶：意识需要理解与重塑，概念也得不断打破与重构，否则会形成思维上的惯性甚至僵化，也有碍认知迭代。

传统课程的思维模式与特色

逍鲲：我都是在按传统的课程门类进行学习，如何让我在系统掌握机器与深度学习理论与技术前，寻找到一条实践深度学习的捷径？

爸爸：我们共同设法给你开辟一种学习汉语的方法，不妨试试。

爷爷：汉字是先有概念后有音再有字，兼表形、表意、表音，并采用象征性书写符号的表意文字，也是一种将符号、语义、书写单位、音节等融为一体的语素文字。语言在其形式和意义之间的关系是依赖能记录的各种符号，而符号化则是一个文字系统被构建成“表形”又被约定俗成的过程。文字记载了有声的语言，并通过语言承载人的思维，同时又形成各自的思维模式和具有语言特色的民族文化。

逍鲲：汉字造字的思维模式和特色又是什么呢？

爷爷：汉字的造字方法多样，有对事物的属性进行概括或提炼，相对直接构建的“象形字”；对于有部分无法直接看到的属性，则用添加符号、可用一个或几个参与共同点明此事的“指事字”；而必须合并若干手段才能表达具有多种属性的，则采用“会意字”，一种将多层意思用不同的方式或关系进行搭配或融合的表达方法。会意字具有很强的逻辑性，在汉语言中最具代表性，也是学习中文和中国逻辑的载体。

爸爸：汉字历经音、形、象、数、理等思维过程，一个从具体走向抽象的归纳方法，当走到汉字的“形声字”时，似乎已进入了一个“自觉”归纳思维的必然王国。汉字用象形、象意等手段来表示抽象概念，是一种寓普遍性到特殊性之中的思维方法。

爷爷：汉字的演变，是从甲骨文、金文形似的自然美；到篆书时，则从形似的朴素进入神似的线条美；再到隶书时，用横竖架构、撇捺支撑、点钩平衡等手段，打造出既表形又表意的结构美；现代汉字则是一种更为方便学习、表达与书写的简约美。汉字的象形与象意、线条与结构为汉字的书写提供了一个道法自然、意境高远的广阔空间。

爸爸：汉语从字的会形、会音、会意的逻辑关系中拓展；从字的本义与引申义表达为主，进入了一个以字构成词、字与词共同表达的演绎分析的思维方法，因而就有了词的组合、结构、编码而产生的逻辑与技术方法；再到为了表达思想的深度与完整，构建以分析句子成分为主的语法，以表达关系与结构为主的句法，以构建系统与叙述完备为主的章法。

妈妈：看来已经构建了一个从字的会形、会音、会意的三个知识点，词的组合、结构、编码的三个知识点，句的语法、句法、章法的三个知识点；并以此形成一个知识网络、一种逻辑结构，对汉语言实施一种类似网络化的学习与诠释，同时帮助我们自觉地进入深度学习。

爷爷：我们在此也仅仅是对字的“会形”这个知识点展开了一些讨论，还缺少案例、理论、逻辑、技术的支撑，还需要深入研究。

逍鲲：我们学习语言特别是对汉语的学习，大多都是以文章为线索，在培养思维方法上存在不少缺点，应该多重视语言的逻辑性。多了逻辑接口和技术手段，我相信会把语言应用得更好。

网络化学习的重要意义

逍鲲：知识如何网络化已能够基本理解了，但思维逻辑的层次化能否再举例加以说明？

爸爸：我们以“关系、相对、变化”层次递进的思维方法再系统地展开一次讨论。因为有些问题前面已经提及，我们还是从关系开始。

逍鲲：关系是事物关联的原因、方法、状态、性质、程度等。如数学中的函数、线性、映射、全域等关系；音乐学中的音程、和声、结构、织体等关系；语言修辞中的主谓、动宾、并列、偏正等关系；计算机技术中的集合、模型、运算、数据等关系，所以关系可以说是无处不在。

爷爷:理解得非常深刻。物理学中“物有本末，事有始终”的因果律是关系；佛教中的“果由因生，事待理成，有依空立”是思辨关系；思辨关系是各种关系中的最高境界。

爸爸：关系的建立，关键在于发现与创新，特别是在人的常识和认知结构以外的事物；其次是能找到描述且能量化这种关系的数学方法。相对论便是如此，一种以低维关系的构建来描述高维空间的思想方法。

爷爷：在各种关系中，常有一种是相对关系。相对多采用参照或比较的思想方法，也有利于看问题从单一进入多元。如空气中比较水汽密度的相对湿度，控制载波相对变化的相对位移，权利人对于义务人的相对法律关系。

妈妈：数学中的相对关系应用得非常普遍。相对往往是对绝对而言，常用方法是从绝对变化、相对变化到相对变化率直至精确化，以及如何选择参照、坐标系等方法。

爸爸：但什么是绝对的或相对的，却常有不同的理解和看法。为了找到更合理的解释并建立数学方法，常常会“变换”一下，让问题到另外一个“框架、格局、空间”之中，目的只是方便解释和有利于解决问题。“变换”是事物的内容、结构、表达等，从一种形式改变到另一种形式。通俗地理解，可以认为是换了一个“面纱”或“马甲”，实际是另一种逻辑。

妈妈：专业性表示则为，集合到自身的映射即两个集内元素的对应关系。

几何即空间变换，是改变点或像素的位置，可以用作图像处理；而只考虑位置关系，不考虑形状与大小的改变，这是拓扑变换，这些可以用到空间规划、网络设计，甚至人的心理分析中。

逍鲲：我们讨论了这么多方法，无论是神经科学、心理学、计算机科学还是数学、哲学，都是在寻找关系与变化来探究人的思维。

妈妈：在工程数学中，有从实数域变换到复数域的拉普拉斯变换，也有从时间域变换到频率域的傅立叶变换，变换的目的是方便分析与计算。矩阵变换是线性代数的一种运算形式，而线性代数的研究对象是向量和向量空间。向量的引入可以使许多问题的处理变得更为简洁而清晰，特别方便于运算，如物理学中的张量分析、人工智能中语音识别的向量空间法等。

逍鲲：关系、相对、变换是不同的逻辑方法，在解决问题时，可以用不同层次的逻辑关系，通过不断递进去解决问题。

爸爸：能够梳理不同层次的逻辑，是思维进入了一定的深度，也是创新思维的一种基本技术方法。

真正思维技术化的思辨

奶奶：人的思维过程极其复杂，可能是一个审美积累、价值取舍、利益权衡、未知拿捏的综合过程，也可能极其简单，被单一化的情感驱动而做出的反应。如说谎是人的本能，也是一种保护意识，善意是为了别人，恶意则是为了自己，而有些人则说谎成性，满足的只是一种习惯与低级趣味的情感追求。

爷爷：社会已经发展到必须理解与改善我们的学习与思维的时代。

爸爸：没有网络化知识构建的习惯，不易发现自己的知识缺陷。例如“燕雀安知鸿鹄之志”中的“鹄”，在正式的公众场合该读什么音，应该以最新版的《现代汉语词典》为准。此词典由国家立项，中国社会科学院语文研究所编纂，具有规范性和权威性。历史上如宋代官修的《广韵》与《集韵》、明朝的《洪武正韵》等皆是如此。读错音不可怕，关键是还有学者为此而辩解，这则是认知上的缺陷。

逍鲲：我理解了，读音的辨析是学术问题，公众场合讲话是用字的规范问题，是不同的逻辑。

爸爸：没有接口意识，有时会难以判断是情感还是逻辑在主导思维。如指鹿为马是认真在说假话，指桑骂槐是装傻在说真话，痴人说梦则是难以确定的胡话。语言的交流不但存在语音、语义、语境，还有逻辑接口的关系。

妈妈：例如不理解哥德尔的不完全性定理，就很难深刻理解形式系统逻辑的完备性与一致性，即对逻辑的剖析难以达到另外一个层次。

爸爸：没有概念重建的意识，辨识永远停留在依靠权威、经典、眼见为实、经验为上、串行或平面思考等，久而久之，都会演变成情感接口，而缺少逻辑、算法、技术等接口思维。现实中，成熟与世俗、浪漫与放纵、虚幻与真实、绝对与相对等，有时界限会很难以判定，所以才会有瞒天过海、以假乱真。

爷爷：有时一个对错、是非的判断会非常困难，特别是逻辑关系不在一个平面或层次上。古人就有是非无度、似是而非，所以才会出现是非混淆、是非颠倒，才需要我们去寻找逻辑方法和技术手段，弄清是非曲直、做到是非分明。

爸爸：对难以判断的问题，有时采用技术手段会显得很有效。例如，对黑色加以形容就有乌黑、墨黑、浅黑；白色的形容词有纯白、灰白、珍珠白；形容灰色的有烟灰、青灰、铁灰。上述这些很难有一个明确的概念。以黑色为基准色，用不同的饱和度的黑色来显示图像，即从0%的纯白色即“没有黑”，到100%的纯黑色即最高的黑。用采样到的像素来确定，分成256个灰度等级，显然这个分辨率人的肉眼是无法达到的，用语言也很难加以逐个描述。

妈妈：色域也是如此，用数学的方法从真实的基色中推导出理论的三基色，创建一个颜色系统，将人眼可见的各种颜色绘制在一个坐标系里，形成一个色彩空间。这样，我们就可以用一组数据来正确地指代某个具体的颜色，换句话说也是对颜色采用的技术手段。

逍鲲：思维的技术化不但多了解决问题的工具、提升了思维能力、改变了认知模式，更拓展了我们看问题的视野和高度。